Staatliche Graphische Sammlung München

Franz von Pocci
Phantasie und Spott

DKV

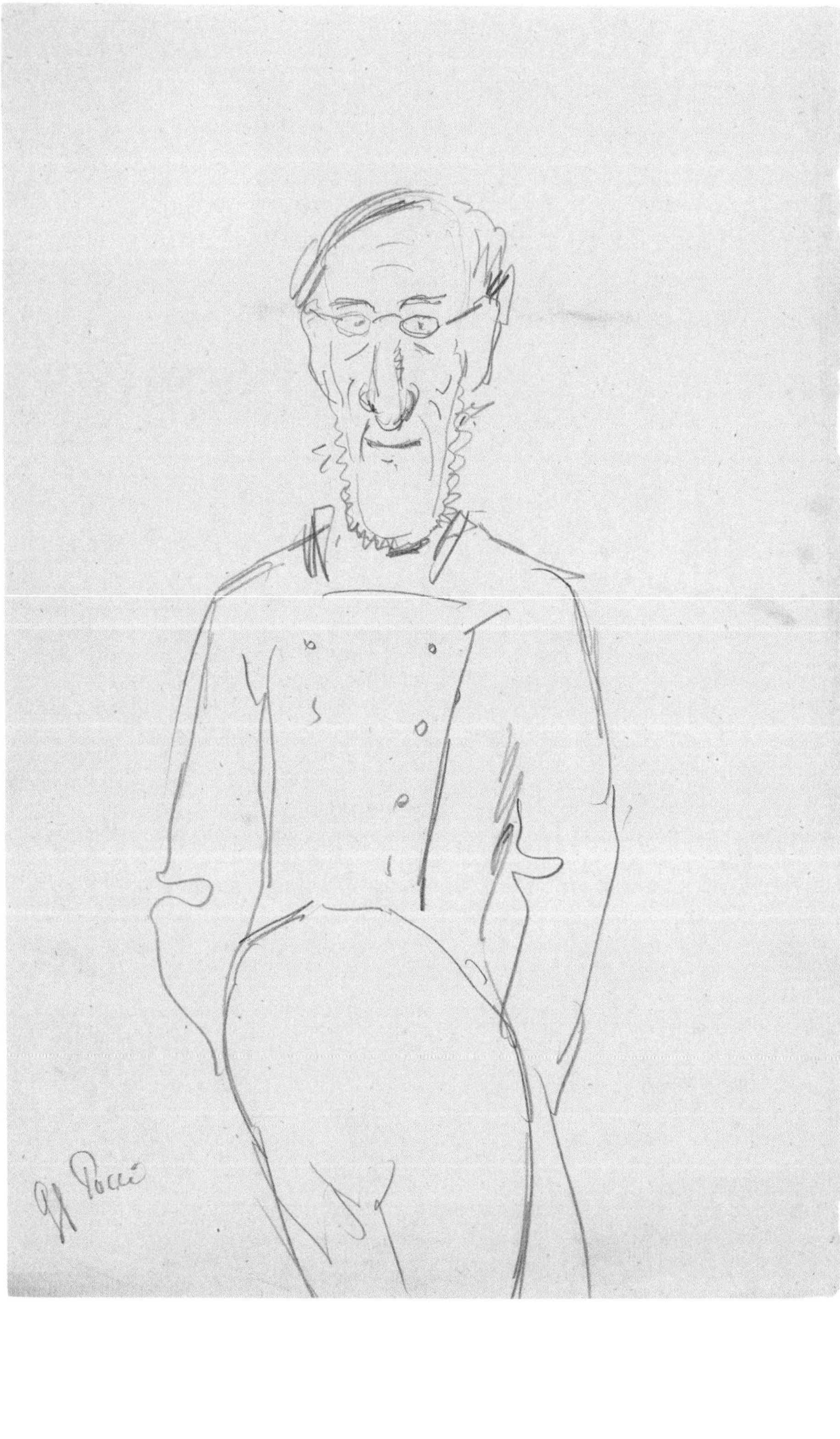

Max Oppel und Andreas Strobl

Franz von Pocci
Phantasie und Spott

herausgegeben von
der Vereinigung der Freunde der
Staatlichen Graphischen Sammlung München

DEUTSCHER KUNSTVERLAG

Studio-Reihe der Staatlichen Graphischen Sammlung München
Band 6

Abbildung auf dem Umschlag
Phantastisches Schloss an einem Gebirgssee, vgl. Abb. 11 und Kat. 68

Frontispiz
1 Selbstporträt en face, Kat.-Nr. 61

Inhalt

Vorwort

Franz Graf von Pocci ist in München bis heute durch die nach ihm benannte Straße, U-Bahn-Station und Adresse des Kreisverwaltungsreferates prominent im Stadtbild präsent. Aber wer kennt schon noch den legendären Hofzeremonienmeister, Hofmusikintendanten, Dichter und Erfinder des Kasperl Larifari oder gar den geradezu besessenen Zeichner? »Und hätt' ich wohl an hundert Händ' / mit Burgen käm' ich nie zu End'!«, dichtete er selbst über seine Leidenschaft, ständig die Bildphantasie spielen zu lassen. Sie kreiste um erfundene Landschaften oder illustrierte seine Texte, konnte aber auch genauso gut mit unbestechlicher Schärfe seine Kollegen in Verwaltung und Künstlerschaft als Karikaturen aufspießen. Wiederzuentdecken ist also ein Dilettant im besten Sinne des Wortes, typischer Vertreter des Münchner Kunst-, Wissenschafts- und Verwaltungsbetriebs, der ihm Nischen und Freiheiten bot, ein Spötter, der aber auch herzhaft über sich selbst lachen konnte. An Pocci wurde immer wieder erinnert, aber der Zeichner spielte dabei meist eine Nebenrolle.

Eine bedeutende Zustiftung von 82 Zeichnungen Poccis an die Museumsstiftung zur Förderung der Staatlichen Bayerischen Museen und eine weitere Stiftung von acht Blättern von Ludwig Graf von Otting und Fünfstetten an die Sammlung bereicherten jüngst die historischen, über hundert Jahre hinweg gewachsenen Bestände der Staatlichen Graphischen Sammlung München. Dies ist der Anlass, in einer Kabinettausstellung zu dokumentieren, wie wichtig derartiges privates Engagement für die Weiterentwicklung der Bestände ist. Zu verdanken ist sie

Max Oppel, der über Jahrzehnte hinweg seine Begeisterung für das Münchner Original verfolgt und so eine bedeutende Sammlung zusammengetragen hat. Er war aber auch schon in früheren Jahren wiederholt der Graphischen Sammlung hilfreich, als er etwa 2006 die Schenkung des künstlerischen Nachlasses des Simplicissimus-Zeichners Erich Schilling (1885–1945) durch Molly und Walter Bareiss mit 815 Zeichnungen vermittelte oder 2008 und 2016 insgesamt 34 Zeichnungen des Bildhauers und Architekten Peter Anton von Verschaffelt (1710–1793) der Museumsstiftung und der Staatlichen Graphischen Sammlung München stiftete. Mit dem Verschaffelt-Konvolut konnte eine schmerzhafte Lücke im Bestand geschlossen werden, war doch der Gründer der Mannheimer Zeichnungsakademie unter Kurfürst Karl Theodor einer der Ahnherren der mit dem Kurfürsten nach München übergesiedelten Künstlerszene und bis dahin in den Beständen der Sammlung überhaupt nicht vertreten. Es ist daher umso erfreulicher, dass wir die Stiftungen auch zeitnah mit einer Präsentation und der vorliegenden Publikation würdigen können. Sie ist der Museumsstiftung und vor allem dem Vorsitzenden ihres Vorstandes, Maximilian Ring, zu verdanken. Dass der zu Ehrende aber auch noch selbst als Autor mit auftritt und einem ganz Unbekannten in der Münchner Kunst des 19. Jahrhunderts, Ludwig Graf von Otting und Fünfstetten, seine Geschichte zurückgibt, schließt einen Kreis auf denkbar glückliche Weise.

Dr. Michael Hering

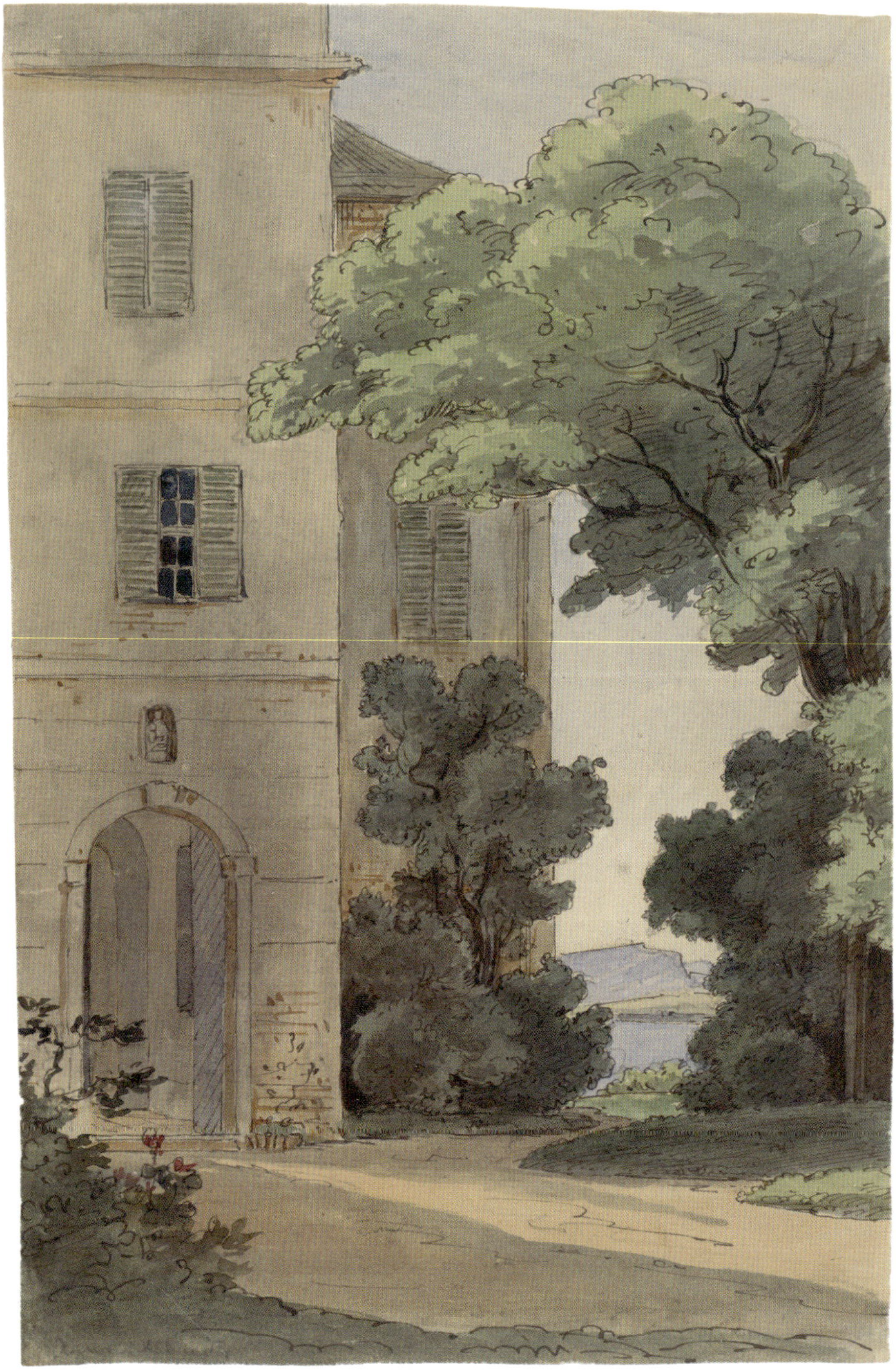

2 Das Pocci-Schlössl am Starnberger See, Kat.-Nr. 99

Zu Leben und Werk

zusammengestellt von Andreas Strobl

1807

Am 7. März wird Franz Ludwig Evarist Alexander von Pocci in München als erstes Kind von Graf Fabrizio Evaristo von Pocci (1766–1844) und seiner Ehefrau, der Baronin Xaveria von Posch (1778–1849), Tochter des ehemaligen bayerischen Gesandten am sächsischen Hof in Dresden, im Haus der Familie Posch am Münchner Promenadeplatz 21 – heute Hotel Bayerischer Hof – geboren. Graf Pocci stammt aus Viterbo im italienischen Latium und tritt schon in jungen Jahren als Offizier unter Kurfürst Karl Theodor (1724–1799) in bayerische Dienste. Er steigt bis zum Generalleutnant auf und wird 1826 Obersthofmeister der Königin Therese.

Poccis Mutter, selbst dilettierende Landschaftsmalerin und mit Künstlern wie Johann Jakob Dorner d.J. (1775–1852), Domenico Quaglio (1787–1837) und Max Joseph Wagenbauer (1775–1829) befreundet, lässt ihren Sohn neben der Schule vom Erzgießer Johann Baptist Stiglmaier (1791–1844) und dem Historienmaler Joseph Schlotthauer (1789–1869) künstlerisch ausbilden.[1] Der Bildhauer Ludwig Schwanthaler (1802–1848) ist sein bester Jugendfreund.

»Erst im ungefähr 14. Lebensjahr erwachte in mir ein musikalischer Sinn, und dann fing ich auch gleich zu komponieren an«, berichtet Pocci in den überlieferten Bruchstücken seiner Lebenserinnerungen.[2]

1825

Franz von Pocci beginnt das Studium der Rechtswissenschaft in Landshut, das er nach der Verlegung der Universität nach München bis 1827 fortsetzt. Er wird Mitglied des Studentencorps *Isaria*, für das er gleich im ersten Studienjahr das Volkslied *Wenn ich ein Vöglein wär* vertont. 1844 publiziert er ein ganzes illustriertes Liederbuch für die *Isaria*.

1830

Nach einigen Jahren im ungeliebten Juristenberuf ernennt ihn König Ludwig I. (1786–1868) zum Zeremonienmeister.

1831

Im Herbst reist Pocci mit Kronprinz Maximilian (1811–1864) nach Italien. Im Sommer 1833 begleitet er dessen Vater, König Ludwig I., bei einer seiner Reisen durch Italien.

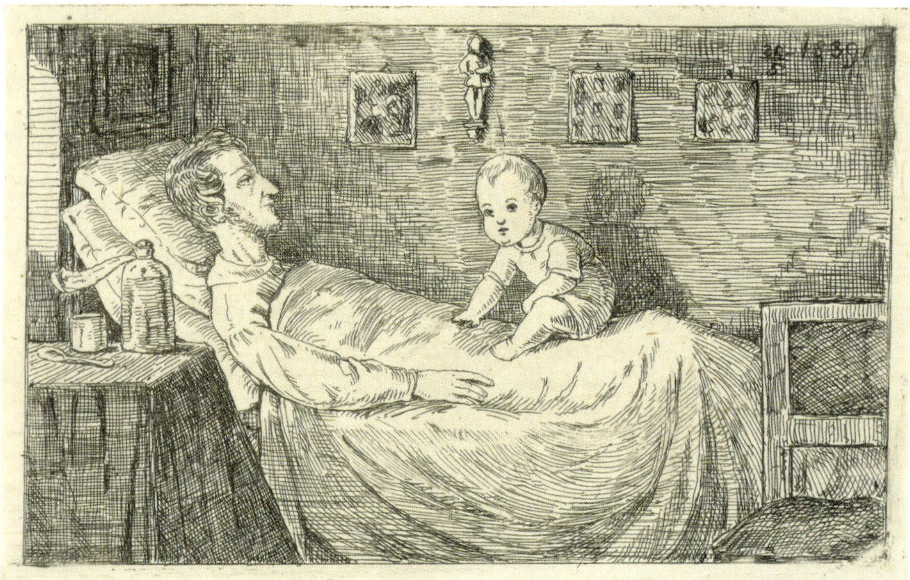

3 Der Künstler krank zu Bett, auf der Decke sitzt sein ältestes einjähriges Söhnchen (Friedrich), 1839, Kat.-Nr. 115

1832

Die *Blumen-Lieder für Knaben und Mädchen* erscheinen.[3] Komposition und Bilder zu den Gedichten von Hans Ferdinand Maßmann (1797–1874), der zu dieser Zeit in München lebt, stammen von Pocci. Er komponiert als Autodidakt vor allem in den 1820er und 30er Jahren Stücke für Klavier und Lieder. Insgesamt schuf er an die 600 Kompositionen.

1834

Am 4. Juni heiratet Pocci die aus Wien stammende Albertine Gräfin von Marschall in München. 1835 wird die Tochter Maria Elisabeth, später Malerin, 1838 der Sohn Friedrich, später kaiserlicher Oberförster in Straßburg, 1841 die Tochter Sophie, die nur 10 Monate alt wird, und 1845 der Sohn August, später Offizier, geboren.

1835

Robert Schumann (1810–1856) rezensiert in der *Zeitschrift für Neue Musik* Poccis 1834 bei Breitkopf und Härtel in Leipzig publizierte *Frühlings-Sonate für Klavier*. Schumann lobt in einem fiktiven Dialog den frischen Natureindruck und kritisiert einen gewissen Mangel an handwerklicher Struktur, »der Herr Graf hat sehr viel Talent, aber wenig studiert«, und dass er über seiner Begeisterung für Carl Maria

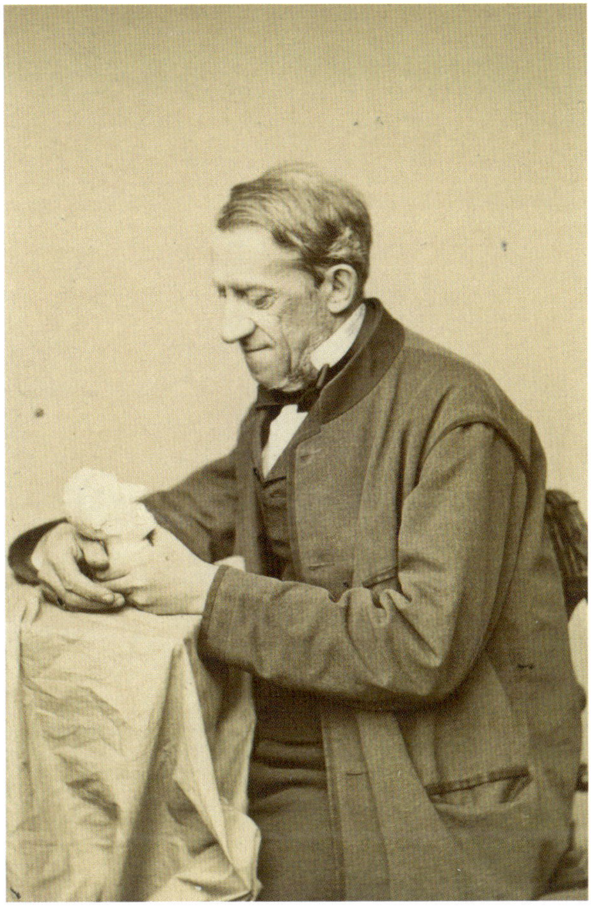

4 Franz Hanfstaengl, Franz Graf von Pocci, Kat.-Nr. 114

von Weber (1786–1826) andere Zeitgenossen wie Ludwig van Beethoven (1770–1827) vernachlässigt habe. Abschließend heißt er aber »den Novizen« im Kreise der neuen Musik »freundlich willkommen«.

1840

Pocci wird Mitglied der 1819 gegründeten Gesellschaft *Altengland* oder auch *Anglia*, in der sich Adel, Bürokraten, Bürger und Wissenschaftler treffen, um »Humor und gute Kost und guten Champagner«, wie Pocci selbst schreibt, zu genießen. Der Name geht auf die Anekdote zurück, dass ein Engländer auf dem Sterbebett dem Pfarrer entgegenhielt, er könne doch für sein Geld nirgends so fröhlich sein, wie in seinem »Merry old England«. Die Mitglieder titulierten sich als »Lord« und hatten Ämter wie bei einem Verein. Die Mitgliedschaft erlosch mit dem Tod.

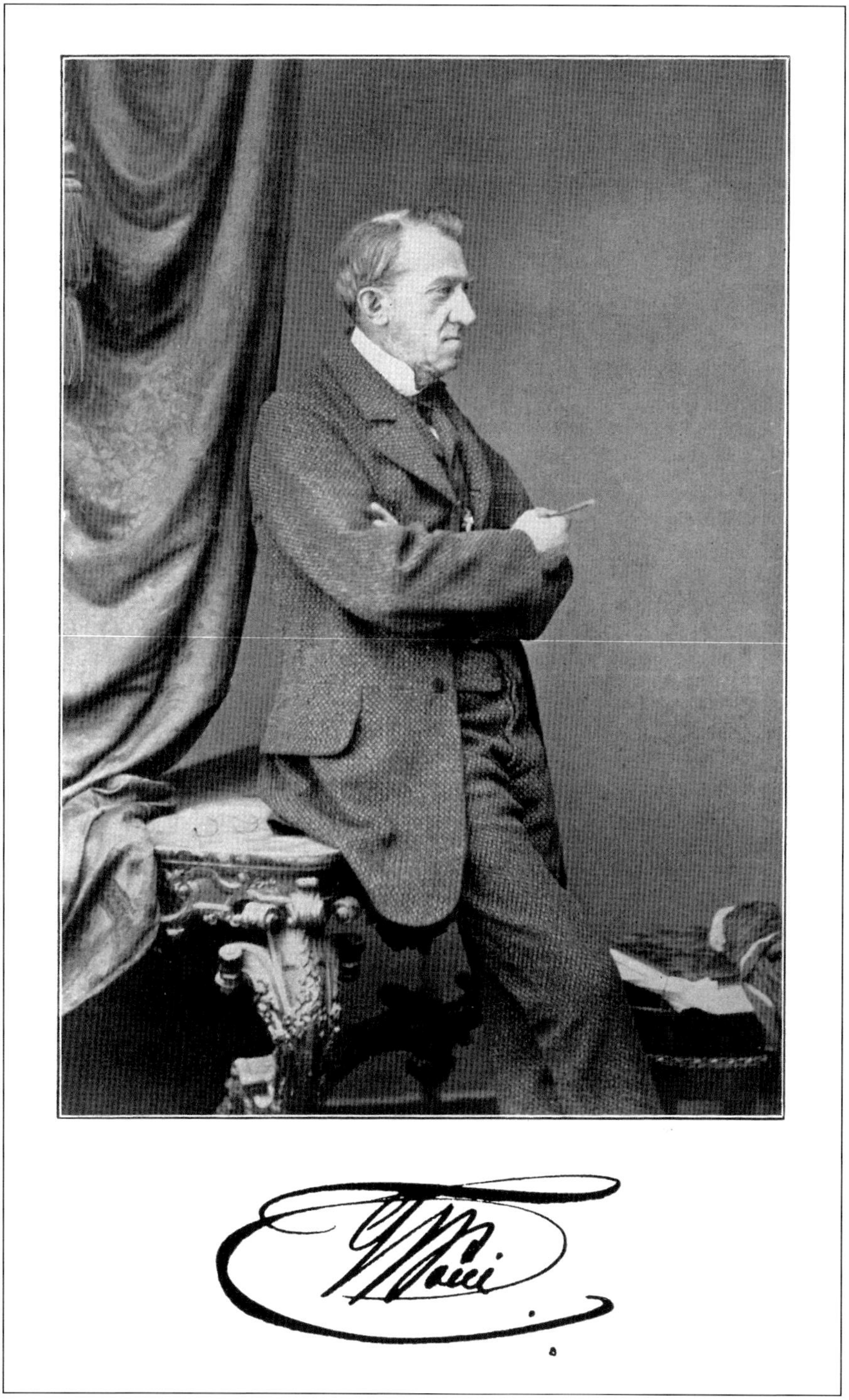

5 Franz Hanfstaengl, Franz Graf von Pocci, Kat.-Nr. 116

Daneben war Pocci Mitglied in der 1837 gegründeten *Gesellschaft der Zwanglosen*, in der sich die in München dichtend oder sonstwie schreibend Tätigen frei von allem Standesreglement und Vereinsgehabe zu gemeinsamen Lesungen – und natürlich auch Gelagen – trafen.

Im Mai wird Poccis kurz zuvor vollendetes Singspiel *L'amore alchimista. Dramma giocoso in due atti* in einer Privatvorstellung im Hause des Architekten Leo von Klenze (1784–1864) uraufgeführt. Die beiden Aufführungen an der Hofoper im Dezember des gleichen Jahres bleiben aber nur Achtungserfolge. Das Libretto hatte Poccis Freund, der Arzt Dr. Ludwig Koch (1805–1888), verfasst. Neben »Anklängen an die neapolitanische Oper [sind] vor allem der Buffostil Mozarts als Vorbild zur Charakterisierung der heiteren Szenen sowie Carl Maria von Webers Einfluss auf die sentimentalen Partien zu erkennen«.[4]

»Fünf Jahre später ist es eine Lokalposse von L. Feldmann ›Der artesische Brunnen‹, zu der Pocci drei Einlagen liefert, und im folgenden Jahre [1846] stattet er den ›Roaga‹, eine ländliche Szene von Kobell mit Musikbeiträgen aus (Vorspiel, drei Lieder, Terzett und Finale). Ich konnte nicht feststellen, ob diese beiden Stücke mit der Musik von Pocci vor die Öffentlichkeit gekommen sind. Der ›Roaga‹ (›Der Reiher‹) erlebte 1847 im Hoftheater zwei Aufführungen, zu denen Ignaz Lachner die Musik geschrieben hatte. Von der zweiaktigen Posse mit Gesang ›Der verfängliche Handel‹ von [Joseph] Parseval und Pocci (1847), die auch eine Aufführung im Hause Klenze erlebte, fand ich keinerlei Kompositionen vor«, schreibt der Musikhistoriker Kurt Pastor.[5] Der Mineraloge und Mundartdichter Franz von Kobell (1803–1882) war einer der besten und langjährigsten Freunde Poccis.

1843

Im Oktober kommt der gefeierte Klaviervirtuose und Komponist Franz Liszt (1811–1886) zu einem Gastspiel nach München. Pocci ist bei allen Aufführungen mit dabei und wie einige Briefe nach der Abreise belegen, begegneten sich beide mit großer Achtung.

Herzog Maximilian in Bayern (1808–1888), Schwager von König Ludwig I. und Vater der späteren Kaiserin Elisabeth von Österreich, genannt Sisi, versammelt »eine originelle ›Tafelrunde‹ mit 14 ›Rittern« wöchentlich einmal um sich, der er selbst als ›König Artus‹ vorstand. Da ging es ausgelassen und fröhlich zu und Gesang und Scherzreden würzten die vom König Artus gegebenen Mahlzeiten, wobei auch erlesene Weine und zuletzt Champagner nicht fehlten. [...] Als ›Kanzler‹ waltete Graf Pocci (›Popo von Ammerland‹) seines Amtes«. In der wöchentlichen Runde schien der »Glanz des Mittelalters [...] wieder aufzuleben in den festlichen Aufzügen und ›Turnieren‹, welche die Ritter veranstalteten«,[6] wobei die Kämpfe den Wein- und Champagnerflaschen galten. Einige der Teilnehmer gehörten zugleich *Altengland* an, der der Herzog 1845 ebenfalls beitrat.

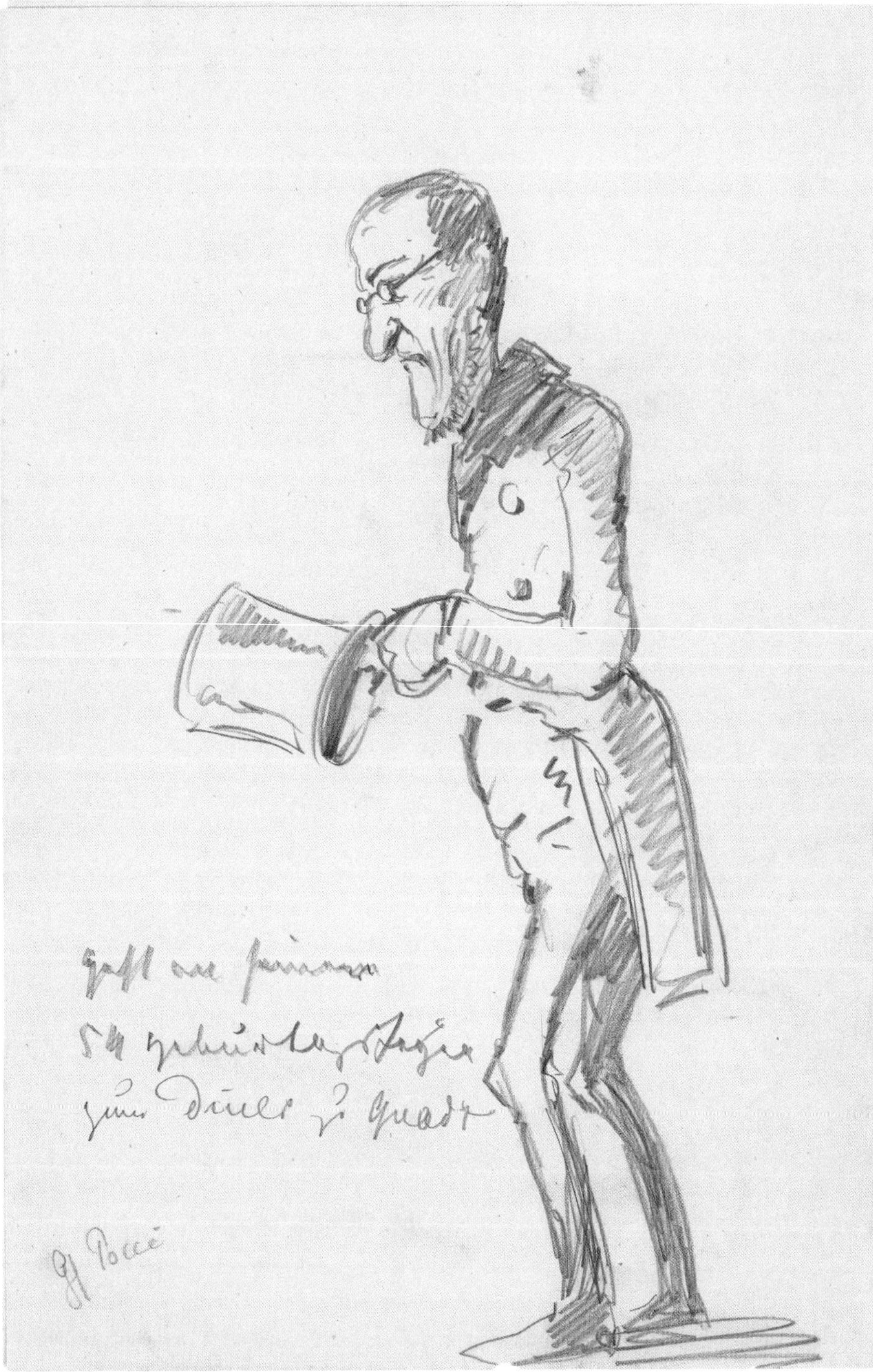

6 Graf Pocci geht zum Diner bei Quadt, 1861, Kat.-Nr. 62

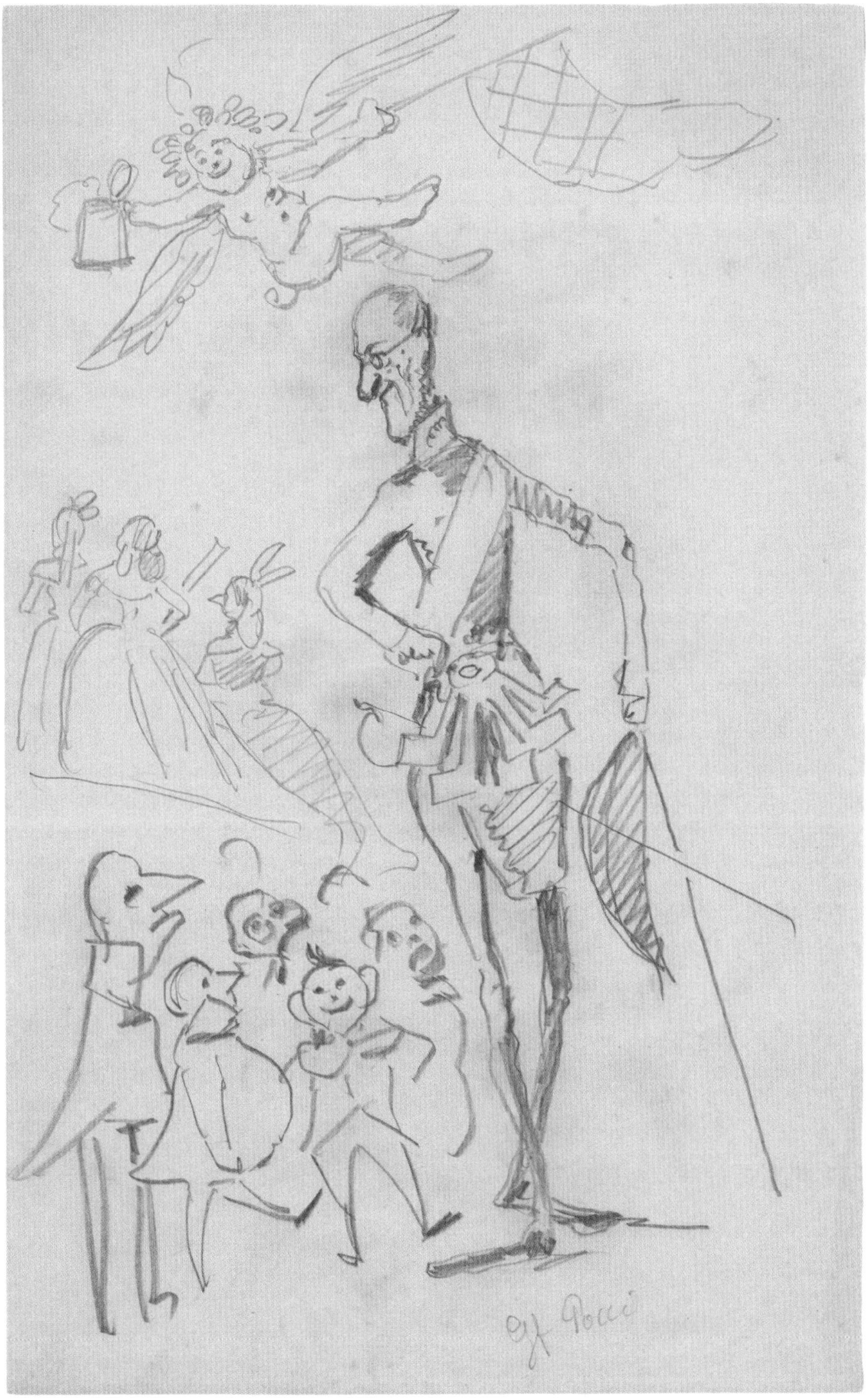

7 Selbstporträt, Kat.-Nr. 49

1845

Der aus Aschaffenburg stammende Holzstecher Kaspar Braun (1807–1877) gründet in seinem Verlag Braun & Schneider die erste illustrierte humoristische Zeitschrift in Deutschland, *Fliegende Blätter*, zu denen Pocci von Beginn an beiträgt. Am berühmtesten werden seine – 1857 auch zu einer Buchausgabe zusammengestellten – Geschichten des *Staatshämorrhoidarius*, eine Satire auf den typischen Staatsbeamten und in der Kombination von Text und Bild einer der frühesten Comics in Deutschland.

1847

König Ludwig I. beruft ihn zum Hofmusikintendanten.

1849

Ebenfalls im Verlag Braun & Schneider beginnt die Publikation der *Münchener Bilderbogen*, deren Gesamtauflage bis zum Beginn des 20. Jahrhunderts in die Millionen geht. Die Einblattdrucke in der Technik des Holzstiches, die hohe Auflagen erlaubt, waren auch in einer teureren, schablonenkolorierten Version zu erwerben. Oft verwenden jedoch die Künstler eine an den Scherenschnitt erinnernde Technik, sodass die Tafeln durch ihr klares Schwarz-Weiß bestechen. Pocci zeichnet bereits für den zweiten *Bilderbogen* die Vorlage und in den folgenden Jahrzehnten 28 weitere. Neben ihm sind unter anderem Wilhelm Busch (1832–1908), Eduard Ille (1823–1900), Lothar Meggendorfer (1847–1925) und Moritz von Schwind (1804–1871) beteiligt.

1851

Im Frühjahr begleitet Pocci Ludwig I. nochmals auf einer Reise durch Italien bis nach Rom.

1853

Bis 1869 arbeitet Pocci als musikalischer Korrespondent für die *Augsburger Allgemeine Zeitung*, die 1798 von Johann Friedrich Cotta (1764–1832) in Tübingen gegründet, seit 1807 in Augsburg erscheinend, zu den führenden politischen Tageszeitungen in Deutschland zählt und deren wöchentliche »Außerordentliche Beilage« ein Feuilleton von ebenfalls überregionalem Rang ist.

1855

Poccis erstes »Volksdrama«, *Gevatter Tod*, erscheint gedruckt. Er schreibt noch zwei weitere in den folgenden Jahren, *Michel der Feldbauer* 1857, in zweiter Fassung *Der Karfunkel* betitelt, und *Der wahre Hort oder die Venediger Goldsucher*, 1864. Sie werden aufgeführt, erweisen sich aber nicht als Erfolg.

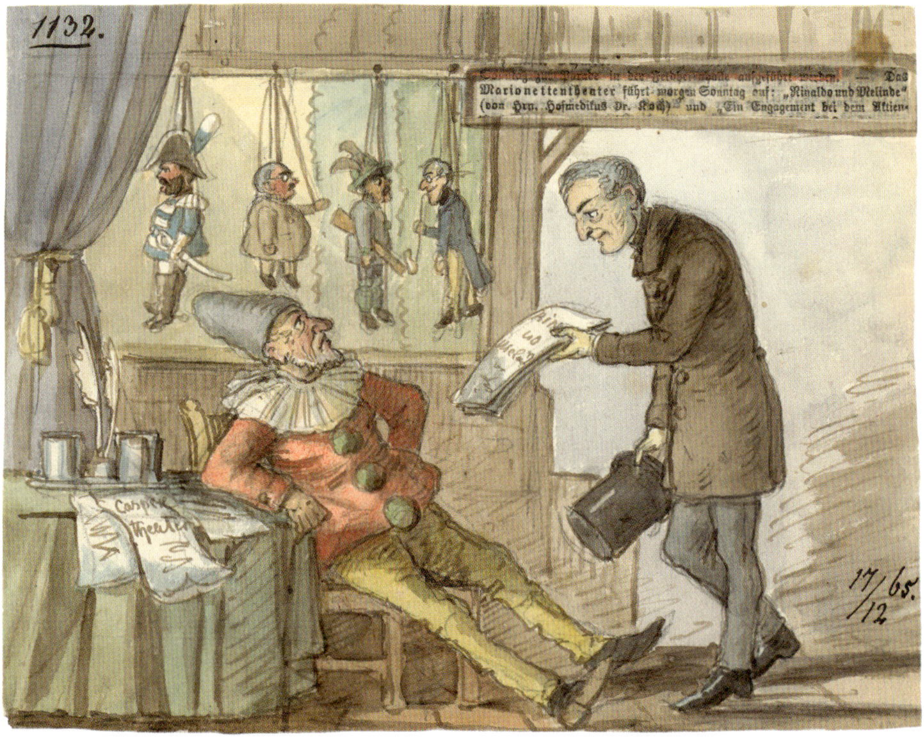

8 Pocci als Regisseur und Kasperl empfängt ein Manuskript von Lord Koch, 1865, Kat.-Nr. 102

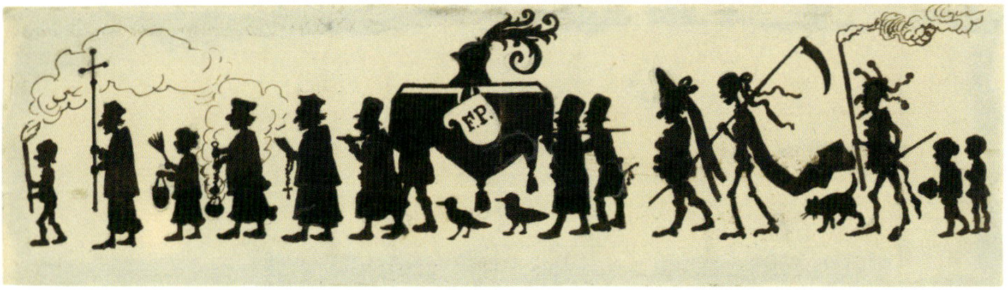

9 Ein Leichenzug (Poccis Leichenzug), Kat.-Nr. 91

1856
Pocci hält sich zu einer Kur in Ostende (Niederlande) auf, um sich von den Strapazen der Intendanz zu erholen. Dies ist neben seinen Italien-Reisen als Begleiter der Mitglieder des Königshauses, Fahrten nach Wien und ins fränkische Bad Brückenau seine einzige längere Reise.

1858
Am 5. Dezember eröffnet der aus Amberg stammende Josef Leonhard Schmid (1822–1912) mit Poccis Stück *Prinz Rosenrot und Prinzessin Lilienweiß oder Die bezauberte Lilie* das Münchner Marionettentheater, nachdem er trotz Poccis Fürsprache mehrere Wochen Schwierigkeiten mit dem Königlichen Staatsministerium des Innern hatte, das befürchtet hatte, dass die »Genuß- und Unterhaltungssucht« der Kinder zu sehr gefördert werde.

1863
König Maximilian II. (1811–1864) ernennt Pocci zum Oberzeremonienmeister, der damit seines arbeitsreichen Dienstes als Hofmusikintendant enthoben wird, bevor 1864 König Ludwig II. (1845–1886) Richard Wagner (1813–1883) nach München holt und eine völlig neue Ära in der Musik beginnt.

1864
König Ludwig II. ernennt ihn zum königlich bayerischen Oberstkämmerer.

1876
Nach einem Schwächeanfall verstirbt Pocci am 7. Mai in seiner Wohnung am Maximiliansplatz. Er wird in der Familiengruft der Grafen Pocci in Münsing am Starnberger See beigesetzt.

Bei den hier vorliegenden Angaben handelt es sich, soweit nicht anders vermerkt, um eine Kompilation der biographischen Texte von Holland, Dreyer 1907 und von Moisy.

1 Sein Vater soll ebenfalls künstlerisch begabt gewesen sein, vgl. Anm. 2 im folgenden Text.
2 Pocci (Enkel) 1926, S. 4, berichtet, dass eine Autobiographie des Künstlers mit dem Titel *Unter vier Königen* nach dessen Tod – wohl von Poccis Frau – »von falsch verstandener Pietät voreilig vernichtet« wurde.
3 Pastor, S. 106, Nr. A 5; die Lithographien wurden von »J. Schraudolph unter Schlotthauers Leitung auf Stein gezeichnet«, s.: Pocci (Enkel) 1926, Nr. 11.
4 Von Moisy, S. 53.
5 Pastor, S. 72.
6 Dreyer 1909, S. 51, folgendes Zitat S. 52.

Dem Künstler auf der Spur

Andreas Strobl

Das Multitalent

Über Franz von Poccis Temperament ist von seinen Zeitgenossen viel Phantastisches berichtet und von den Nachgeborenen viel spekuliert worden. Neben seinen Verpflichtungen am Königshof und lange Jahre parallel an der Hofoper muss er unablässig gedichtet, gezeichnet und komponiert haben. Allein die Zahl seiner Zeichnungen geht in die Tausende, sodass es bis heute keinen umfassenden Überblick gibt, während zu seinen Kompositionen und zu seinen Illustrationen Werkverzeichnisse angelegt wurden und eine Edition seiner Schriften im Gange ist.[1] Auch wenn es Phasen in Poccis Leben gegeben haben muss, in denen er niedergeschlagen und unproduktiv war, können diese jedoch angesichts der Fülle seiner Werke nicht sehr lange angedauert haben. Eine verschwenderisch sprudelnde Kreativität prägte dieses Leben. Ausgangspunkt war eine musische Ausbildung, wie sie am Beginn des 19. Jahrhunderts in adligen Kreisen immer noch der Standard war. Zu musizieren, zu zeichnen und zu dichten galt als selbstverständlich. Poccis Mutter Franziska Xaveria muss angesichts ihrer überlieferten künstlerischen Interessen bereits eine derartige Ausbildung genossen haben und bei ihrem Sohn achtete sie darauf, dass er den gleichen Weg beschreiten konnte. Es war nicht so, dass der Vater, der ebenfalls künstlerisches Talent gehabt haben soll,[2] nicht auf seine Kinder stolz gewesen wäre und seine Familie vorsätzlich vernachlässigt hätte. Aber seine Laufbahn beim Militär und bei Kronprinz Ludwig erforderte es gerade in den Jahren der Kindheit Franz von Poccis, dass er mehr unterwegs als in München war. In einem daher nahezu vaterlosen Haushalt aufgewachsen, war die Mutter sicherlich das Leitbild des kleinen Franz, selbst wenn er sich dazu später nicht dezidiert äußerte.

Bei Pocci liegt es nahe, immer sofort die Vielfalt der Facetten seiner künstlerischen Tätigkeit anzusprechen. Dies hat den Künstler selbst beschäftigt. So stellte er sich in seinem Lebensrückblick die kritische Frage, ob er seine Talente damit nicht verschwendet habe.[3] Tatsächlich scheinen sie sich gegenseitig in den Schatten zu stellen. Indem im Folgenden einmal der Zeichner ganz ausschließlich in den Vordergrund gerückt wird, soll auch die heute naheliegende Frage gestellt werden, ob Pocci mit seinem Zeichentalent nicht doch ganz auf der Höhe seiner Zeit war und einen beachtenswerten Beitrag zu deren Kunst geliefert hat? Wenn dies zu bejahen ist, sollte der Zeichner Pocci nicht mehr im Schatten der anderen Talente stehen.

Kein Tag ohne eine Burg

Pocci bedauerte in seinen nur bruchstückhaft überlieferten Lebenserinnerungen selbst den Mangel einer gründlichen künstlerischen Ausbildung. Zeichnungen,

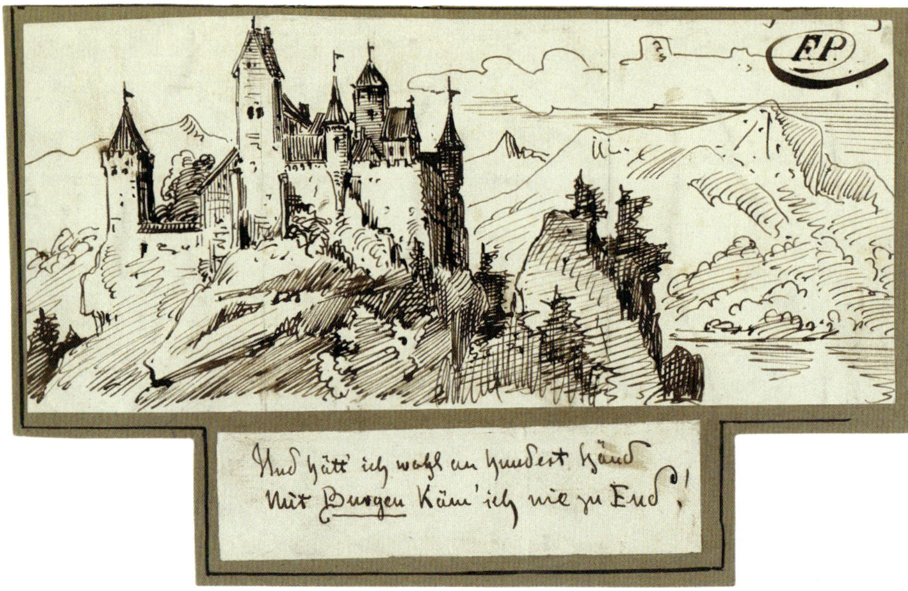

10 Burg in Landschaft, Kat.-Nr. 92

die man als Schülerarbeiten charakterisieren könnte, sind kaum überliefert, sodass man über seine Ausbildung – vor allem beim heute vergessenen Maler Joseph Schlotthauer (1789–1869) und beim Medailleur Johann Baptist Stiglmaier (1791–1844) – kaum etwas sagen kann. Der adlige Hofbeamte gelangte trotzdem auf ein zeichnerisches Niveau, das es ihm erlaubte, einen Großteil seiner Werke aus dem Stand und aus freier Phantasie zu schaffen. Sein erster Biograph, der Literatur- und Kunstschriftsteller Hyacinth Holland, berichtet vom Entstehen der Zeichnung einer Burg: »Es war eine Lust ihm zuzuschauen, wie der Stift oder die Feder mit dem Gedankenstrome um die Wette lief, wie er jedes Gemach mit den Einfällen seiner Phantasie füllte, die hier abgespielten Historien und Aventüren erzählte, über jedes Fenster und Erkerlein Bescheid wusste, wie denn solche Stunden die meist mit einem musikalischen Capriccio endeten, überhaupt zu den schönsten und unvergesslichsten Erinnerungen meines Lebens gehören. ›Und hätt ich wohl an hundert Händ', mit Burgen käm' ich nie zu End'!‹ schrieb er unter eine am 5. Dezember 1855 in vierzehn Minuten (ich stand mit der Uhr in der Hand hinter dem Zeichner), nur so hingehexte Zeichnung!«[4] Dieses Blatt kam direkt aus Hollands Besitz in die Staatliche Graphische Sammlung München (Abb. 10), sodass man den Bericht heute überprüfen kann. Pittoresk gezackt steht die Silhouette einer Phantasieburg vor einer mit wenigen Strichen angedeuteten Gebirgslandschaft mit See. Die klar gesetzten Striche der Feder erlauben es nicht, irgend-

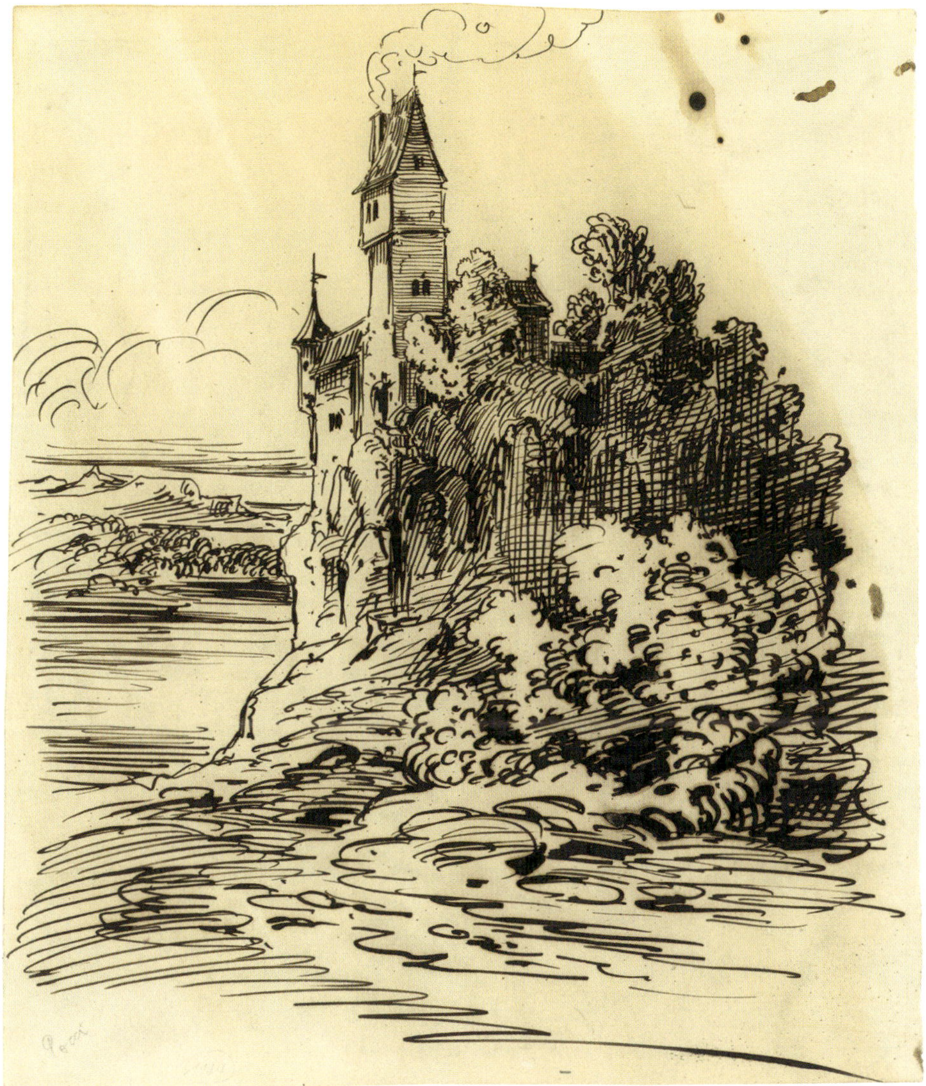

11 Phantastisches Schloss an einem Gebirgssee, Kat.-Nr. 68

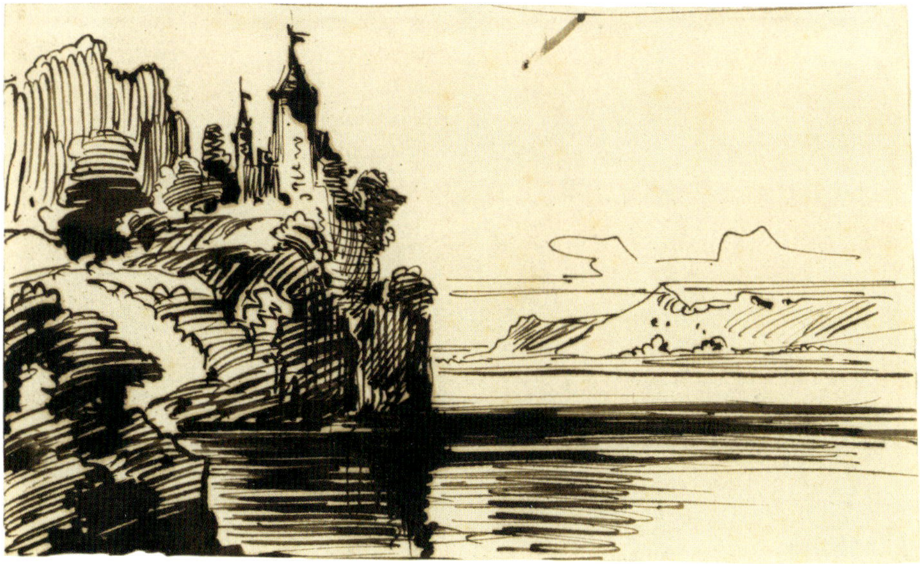

12 Phantastische Burg an einem See, Kat.-Nr. 27

einen Fehler zu verbergen. Pocci muss dieses Sujet auswendig gekonnt haben, wie ein Klavierspieler eine Sonate, um es mit dieser Sicherheit und in der verbürgten Geschwindigkeit auf das Papier setzen zu können. Mit großer Routine sind die eckigen Formen der Befestigung gegen die fließenden Linien von Landschaft und Wolken gesetzt. Der markante Wohnturm, kombiniert mit einem Bergfried und turmbewehrten Mauern, ist das Idealbild einer mittelalterlichen Burg. Es waren die ersten Jahrzehnte des 19. Jahrhunderts eine Zeit, in der mit großer Begeisterung und Akribie von Laienhistorikern ein ideales Mittelalter rekonstruiert wurde und man sich daran machte, Burgruinen wieder auf- und auszubauen. In Bayern ist das prominenteste Beispiel sicherlich das Schloss Hohenschwangau, das Kronprinz Maximilian, Sohn von König Ludwig I., 1832–37 nach Plänen des Architektur- und Theatermalers Domenico Quaglio (1787–1837) als neogotische Phantasieburg erneuern ließ. Pocci, begeisterter Leser – und Illustrator – des Ritterromans *Ivanhoe* von Walter Scott (1771–1832) war seit seiner Studentenzeit Teil eines Kreises von Künstlern, Gelehrten und Beamten, die sich der Erforschung wie der kostümierten Nachinszenierung eines idealen Mittelalters verschrieben hatten und dazu 1831 eine *Gesellschaft für deutsche Altertumskunde von den drei Schilden* gründeten, die 1837 im *Historischen Verein für Oberbayern* aufging.

Das für Holland geschaffene Burgenbild wirkt im Vergleich mit anderen Skizzen dieses Sujets wie eine Reinzeichnung dessen, was der Künstler sonst mit einer noch größeren Lässigkeit auf das Papier gesetzt hat (Abb. 11, 12). Gelegentlich

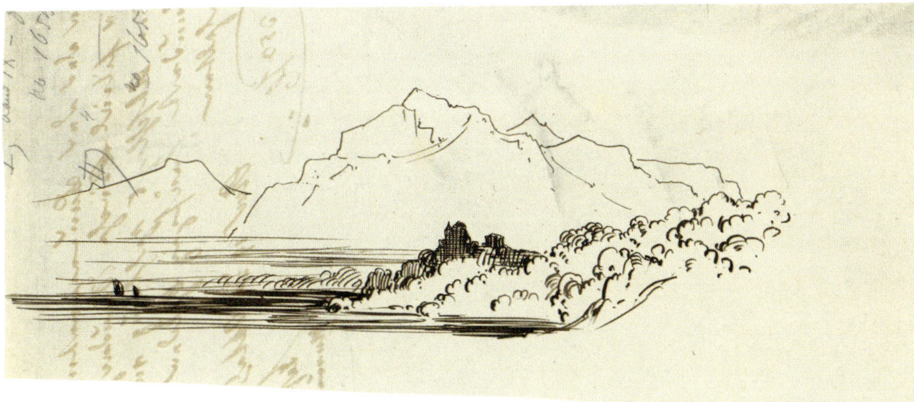

13 Burg vor Bergsilhouette, Kat.-Nr. 77

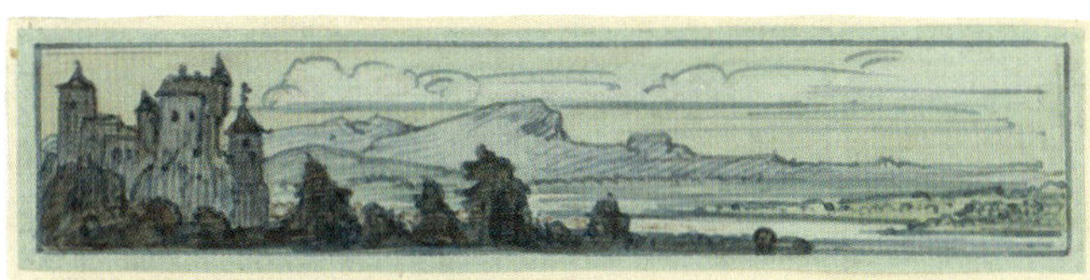

14 Schloss vor See und Gebirge, Kat.-Nr. 73

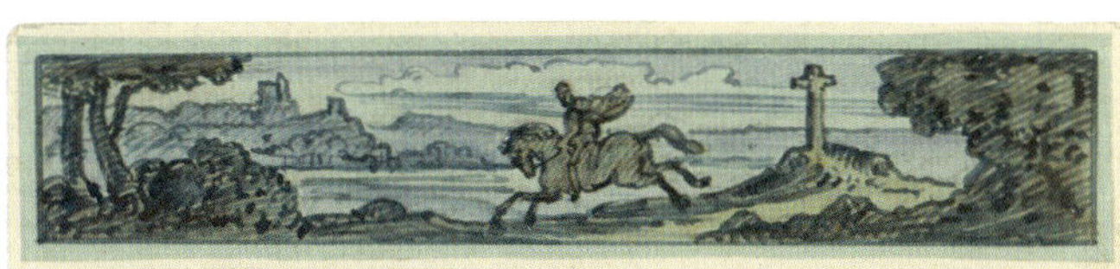

15 Reiter im Galopp vor See und Burg, Kat.-Nr. 72

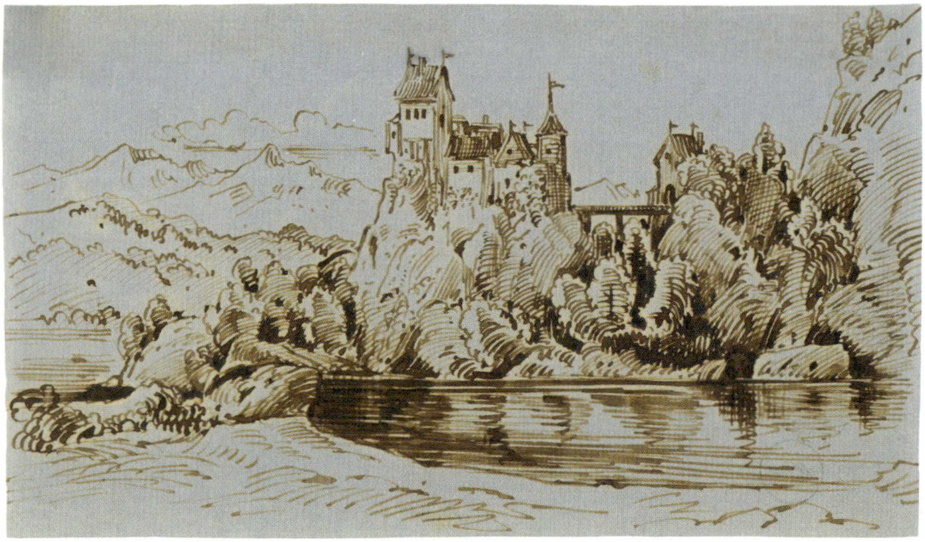

16 Phantastisches Schloss, Kat.-Nr. 39

dominiert jedoch die Landschaft und erinnert dann zugleich an Poccis Heimat am Starnberger See (Abb. 13). Oder eine Burg wird zum Bestandteil einer miniaturhaft kleinen Bildgeschichte, die der Künstler wohl auf einen Brief gesetzt hatte und erst ein Sammler später zu einem Kunstwerk adelte (Abb. 14, 15). Zumindest erinnert das dünne blaue Papier an zeitgenössisches Briefpapier. Gerne erzählt Pocci seine Geschichten so einfühlsam, dass das Mittelalter zum Leben erwacht. So tummeln sich etwa die Ritter zu Pferd an der Zugbrücke (Abb. 17), und der Betrachter meint schier das Hufklappern auf dem Holz und die Trompetensignale zu hören. Bei all dieser literarischen Versponnenheit gemahnt Poccis Aussage, mit diesem Sujet und mit dem Durchdeklinieren seiner phantastischen Erfindungen zu keinem Ende zu kommen, schon an das ›serielle Arbeiten‹ in der Kunst des 20. Jahrhunderts. In Abwandlung der Devise aller Zeichner »Nulla dies sine linea« kann man sagen, dass es für Pocci keinen Tag ohne eine Burg gab.

Aber Pocci wäre nicht Pocci, wenn es nicht auch bei seinem Lieblingssujet Bilder gäbe, die wieder andere Aspekte ins Spiel bringen. Die *Mittelalterliche Burg am Meer* (Abb. 18) wirkt mit ihren eigenartig zusammengestellten und in ihrer unterschiedlichen Charakteristik genau beobachteten Gebäudeteilen wie das Porträt eines genauen Ortes. Eine Reise in den Süden ist für das Jahr dieses eigenhändig auf 1841 datierten Blattes nicht belegt. Es zeigt dennoch, dass Pocci sich bei seinen Burgenbildern nicht nur in Stereotypen erschöpfte.

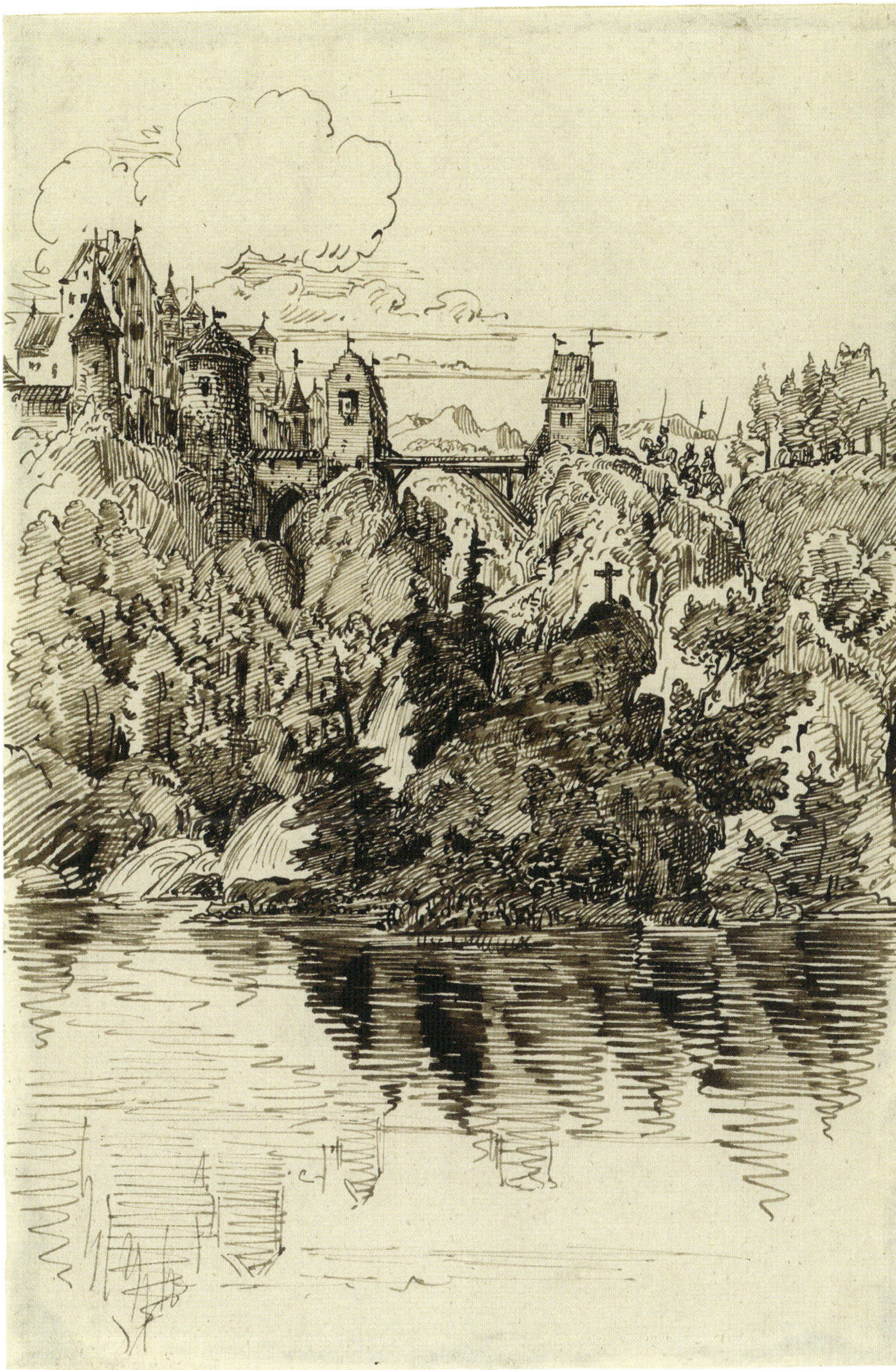

17 Burg an einem See, Kat.-Nr. 93

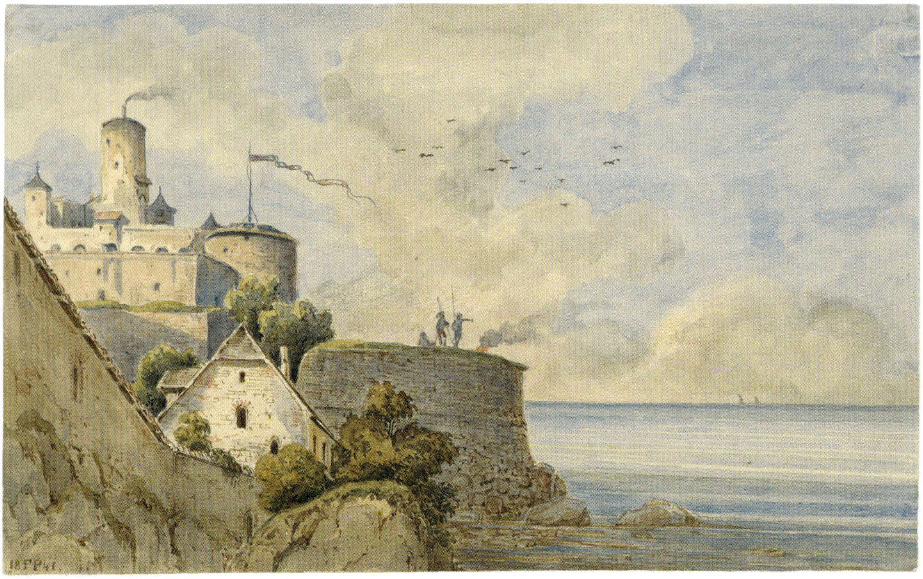

18 Mittelalterliche Burg am Meer, 1841, Kat.-Nr. 23

Der Landschafter

Es gibt aber auch konkret benennbare Topographien bei Pocci. So sind zwei Landschaften aus Italien (Abb. 19, 20), die auf der Reise des Künstlers im Gefolge Ludwig I. 1851 bis nach Rom führte, stilistisch wie in der künstlerischen Auffassung gut vergleichbar. Man besuchte zum Beispiel das Castello Ascagnano bei Perugia, wo Marianna Marchesa Florenzi (1802–1870) lebte, die Ludwig in seine Schönheitengalerie hatte aufnehmen lassen und mit der ihn eine lebenslange Brieffreundschaft verband. Nüchtern beobachtete Pocci die exponiert auf einem Hügel sitzende Anlage in ihrer Eigentümlichkeit und ließ dabei seiner Phantasie keinen freien Lauf. Der heute nicht mehr lokalisierbare Palazzo am Gardasee ist in seiner architektonischen Eigenart ebenso sachlich festgehalten. Lediglich der Ausblick auf den See und die Staffagefigur, die wie ein Größenvergleich eingesetzt ist, wirken hinzukomponiert. Wie diese drei Werke zeigen, konnte die konkrete Beobachtung Pocci zu einer Sachlichkeit anregen, die man in seinem sonstigen zeichnerischen Werk nicht findet. Hinzu kommt, dass diese Bilder mit einer Sorgfalt ausgeführt sind, als sollten sie als Souvenir für die Zuhausegebliebenen dienen, womit sie eine sachlich berichtende Funktion hätten.

Dass sich Pocci zeitlebens begeistert mit der Landschaftsdarstellung auseinandersetzte, ist nicht allein eigenem Antrieb, sondern ebenso seinem familiären Umfeld und dem Münchner Kulturbetrieb geschuldet. Hier ist nochmals an die

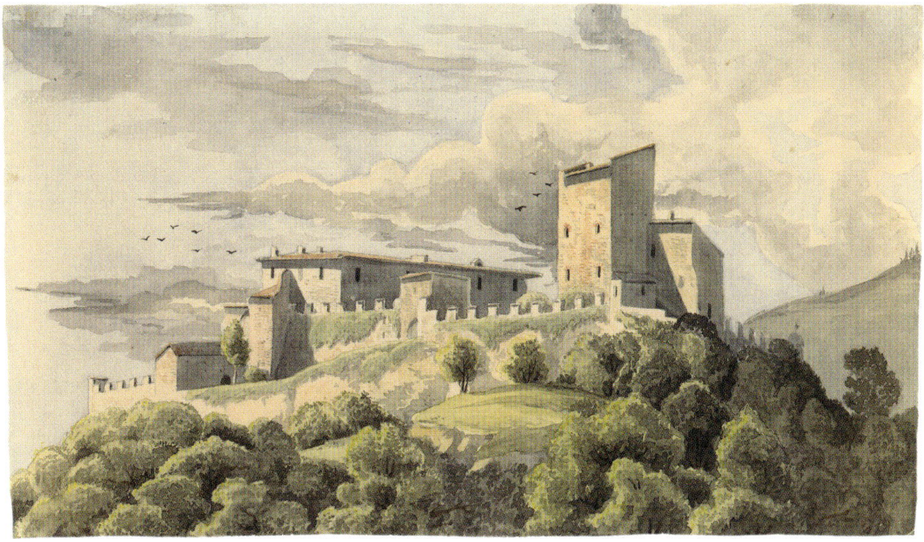

19 Ascagnano, wohl 1851, Kat.-Nr. 103

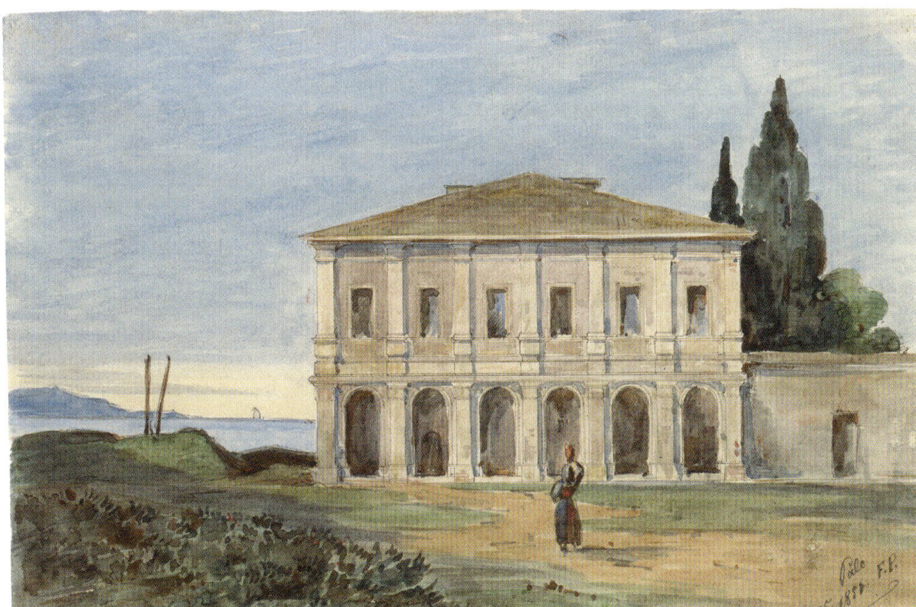

20 Villa an einem See (Salò), 1851, Kat.-Nr. 104

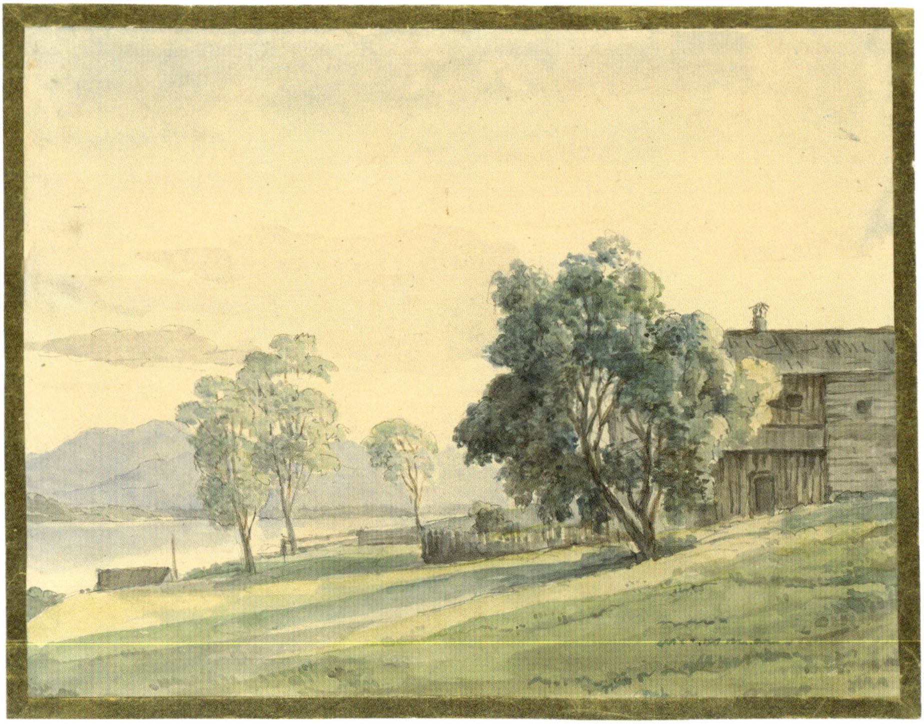

21 Franziska Xaveria Gräfin von Pocci, Am Starnberger See, undatiert, Kat.-Nr. 120

Kunstbegeisterung von Poccis Mutter Franziska Xaveria zu erinnern, die sich nicht allein in ihren eigenen Werken – vor allem Landschaftsaquarellen (Abb. 21) – manifestiert, sondern genauso in ihrer freundschaftlichen Verbundenheit mit den Künstlern, die sich um den Königshof scharten.[5] Mit dem Zuzug Kurfürst Karl Theodors (1724–1799) und seines Hofstaats 1778 hatte München am Ende des 18. Jahrhunderts frische künstlerische Impulse – vor allem in der Musik und in der bildenden Kunst – erhalten. Sein Nachfolger Max Joseph (1756–1825), ab 1806 der erste bayerische König, förderte diese Entwicklung weiter, selbst wenn er aus heutiger Sicht im Schatten seines kunstsinnigen Sohnes König Ludwig I. stehen mag. Gerade die Landschaftsmalerei erlebte in der Zeit von Max I. Joseph eine besondere Blüte, die heute allerdings ebenfalls im Schatten der Aufmerksamkeit steht, die die gleichzeitig agierenden Dresdner Romantiker um Caspar David Friedrich (1774–1840) auf sich ziehen, deren neues Kunstverständnis als Weg in die Kunst des 20. Jahrhunderts verstanden wird.[6]

Die Gattung der Landschaftsmalerei erlebte einen Aufschwung im Münchner Kunstbetrieb, bevor der neue König Ludwig I. verstärkt die Historienmalerei mit

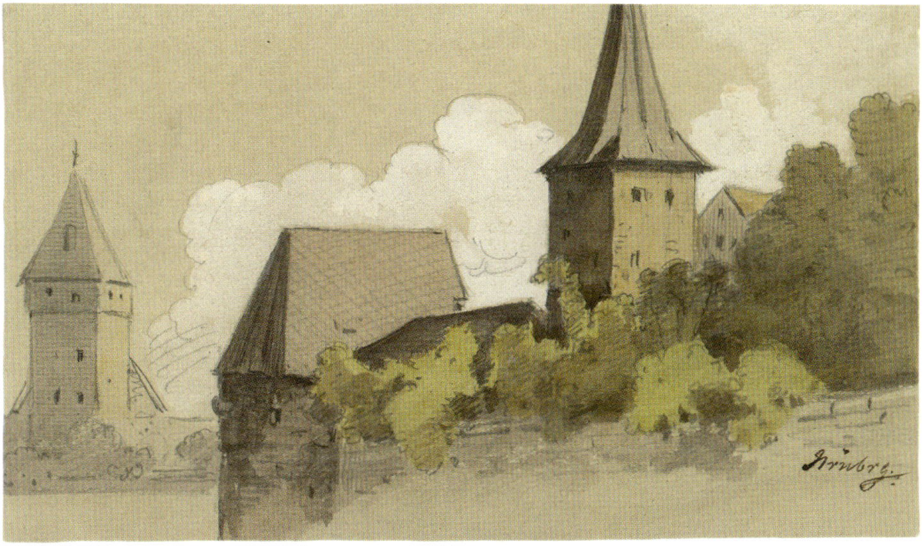

22 Stadtmauer in Nürnberg, Kat.-Nr. 110

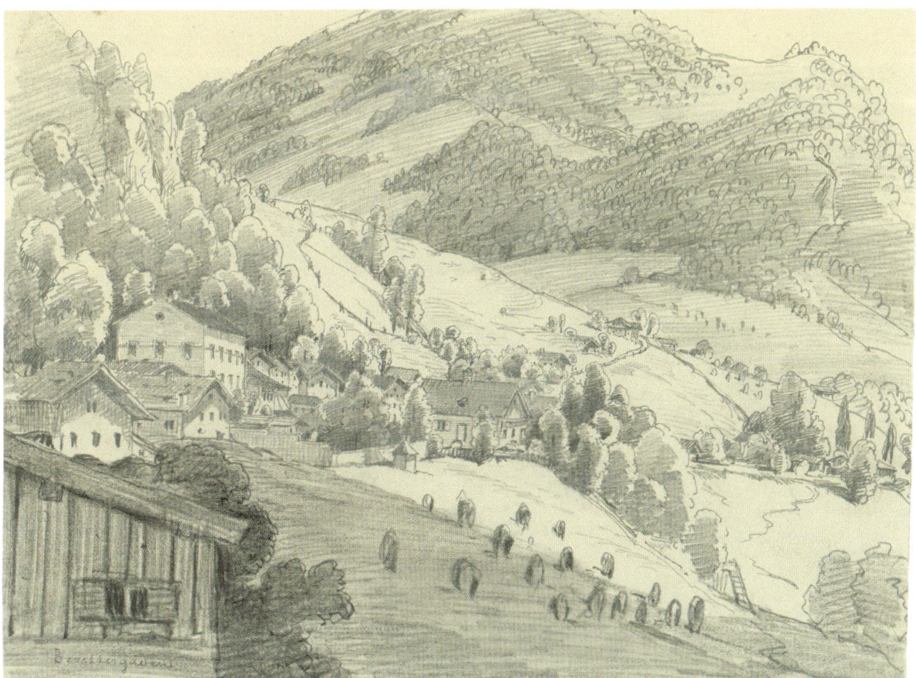

23 Bei Berchtesgaden, Kat.-Nr. 111

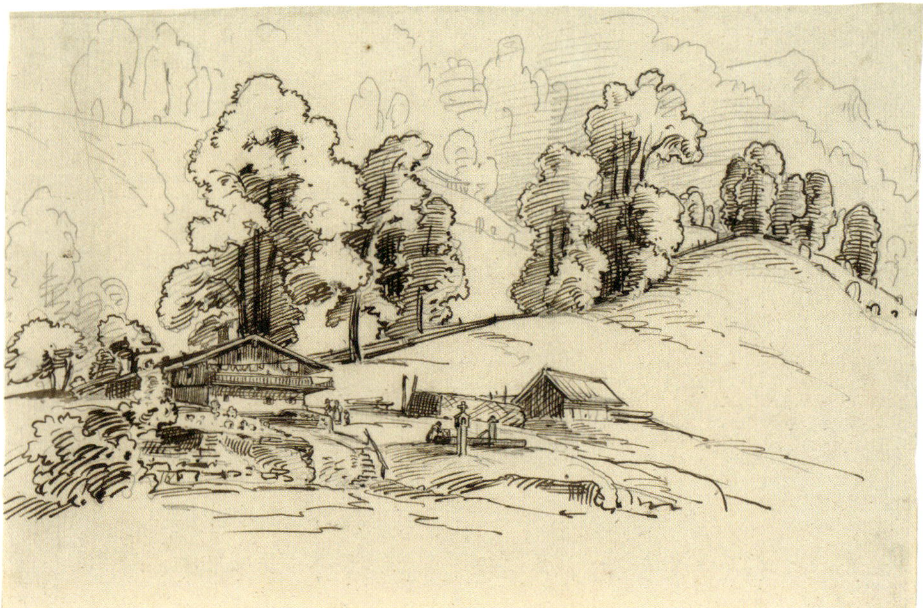

24 Berghang mit Gehöft und Bäumen, Kat.-Nr. 100

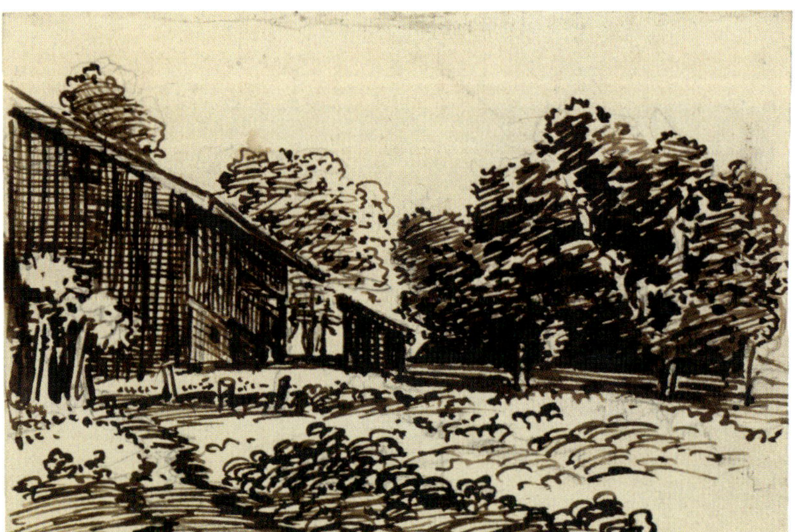

25 Scheune und Feld, Kat.-Nr. 107

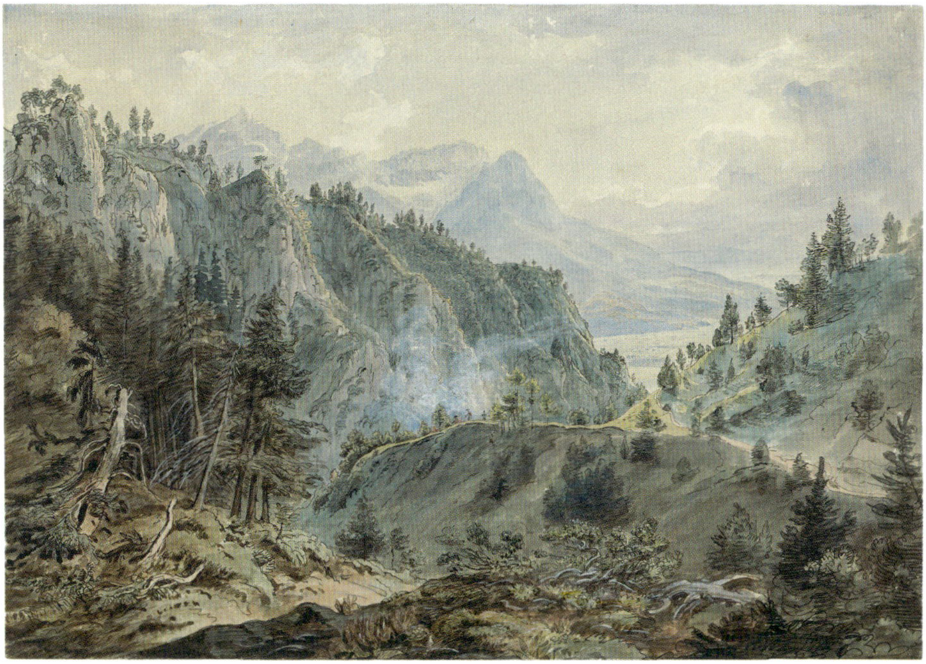

26 Gebirgslandschaft mit Wettersteinmassiv, Kat.-Nr. 113

antiken über christliche bis zu Themen aus der bayerischen Geschichte förderte. Poccis Begeisterung für diese Gattung hat daher etwas Zeittypisches. Jedoch musste er als Hofbeamter nicht streng ergebnisorientiert arbeiten, sodass gerade in diesem Teil seines künstlerischen Werkes die ganze Bandbreite seines zeichnerischen Könnens erhalten geblieben ist. Da ein chronologischer Gesamtkatalog seines Werkes bis heute nicht erstellt werden konnte, wären Aussagen zu den Gewichtungen der darin vertretenen Gattungen rein spekulativ. Wir wissen nicht einmal, ob die eher skizzenhaft, wohl vor der Landschaft entstandenen Zeichnungen dem Frühwerk zuzurechnen sind oder ob Pocci wie der in der Kunstverwaltung beschäftigte Hofbeamte Johann Georg von Dillis immer wieder als Ausgleich zu seinem Brotberuf das Studium der Natur suchte. Eine Ansicht der Nürnberger Stadtmauer studierte Pocci zum Beispiel ebenso spröde und ohne ein fertiges Bild im Kopf zu haben wie seine Reiseeindrücke (Abb. 22). Immer wieder ist in seinen Studien zu beobachten, dass der Künstler den eigenen Standort in die Studie mit einbezog und sich keine Gedanken um ein fertiges Bild machte. Eine Bleistiftskizze aus Berchtesgaden scheint er von einem Fenster aus gezeichnet zu haben (Abb. 23), wie das links unten angeschnittene Bauernhaus nahelegt, das Poccis Standort gegenüber liegt. Über die Dimensionen des Bildausschnitts hatte er sich

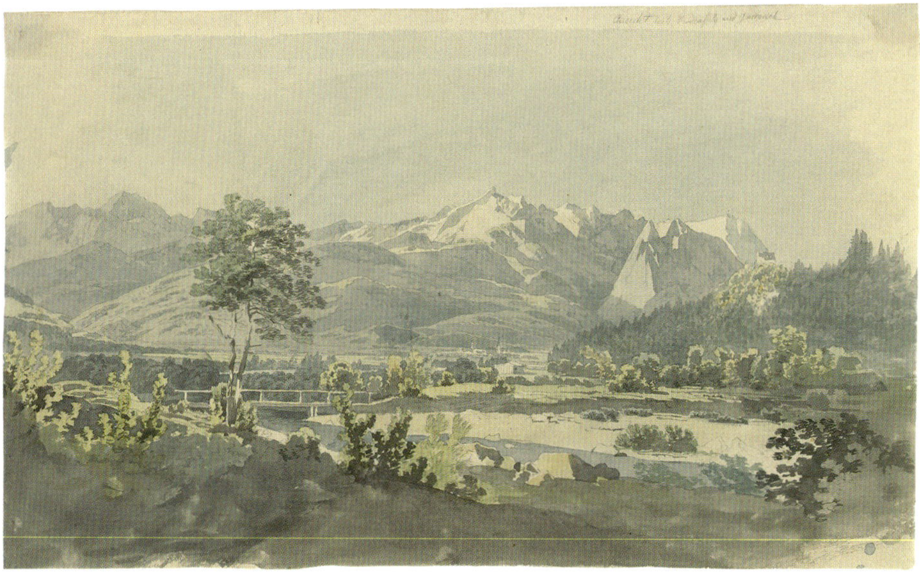

27 Max Joseph Wagenbauer, Blick über die Loisach auf die Ruine Werdenfels, 1806, Kat.-Nr. 121

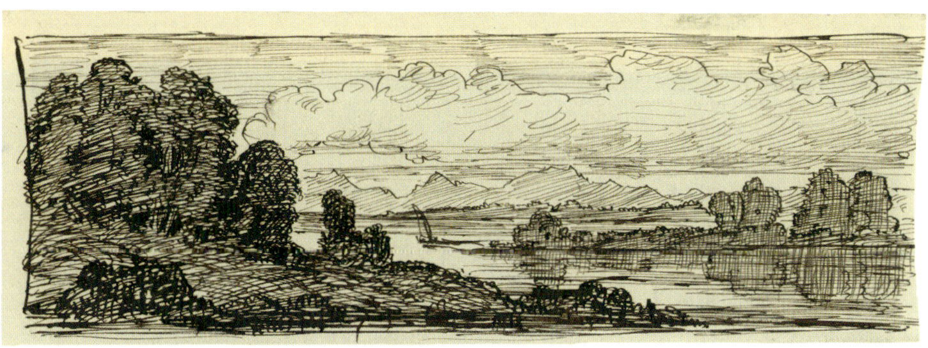

28 Kleine Landschaft mit See und Bergen, Kat.-Nr. 108

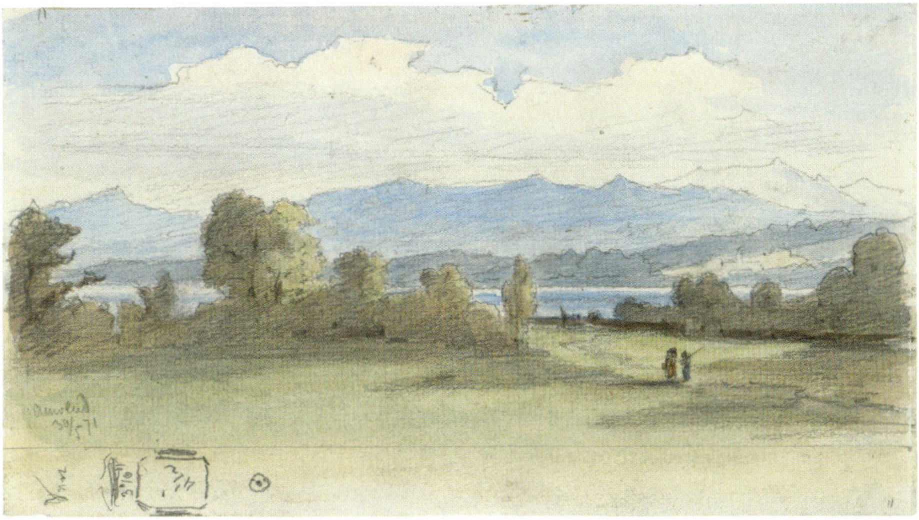

29 Ammerland, 1871, Kat.-Nr. 109

nicht gekümmert, sodass die Bergspitze nicht mehr ganz auf das Blatt passte. Die flächendeckende Ausführung der Zeichnung steht in einem eigenartigen Widerspruch zu der Spontanität der Komposition.

Dass diese Spontanität des konkreten Beobachtens bei Pocci nicht automatisch gegen eine überlegte Komposition sprechen muss, zeigt eine Bleistiftskizze mit einem Berghang (Abb. 24), bei der er mit der Feder weitergearbeitet hat, um ein repräsentatives Bild zu schaffen. Es blieb unvollendet, was sich nur damit erklären lässt, dass ihm die Zeit dafür gefehlt hat. Auch gibt es in seinem Werk Beobachtungen landschaftlicher Nebensächlichkeiten wie einer Scheune und eines kleinen Schuppens vor einer Baumgruppe (Abb. 25), die in ihrer Banalität dem Ideal der Münchner Landschaftsschule nicht entsprechen. Hier wurde eine Bleistiftskizze mit der Feder überarbeitet, sodass man davon ausgehen kann, dass Pocci der unakademische ›Witz‹ gefallen haben muss, das Pultdach des kleinen Schuppens in die Flucht des großen Daches zu setzen, womit eine dominante schräge Linie entsteht und die räumliche Flucht des größeren Gebäudes in die Fläche zurückgebunden wird. Es scheint, als habe Pocci die radikal aus ihrer Zeit fallenden Pinselzeichnungen von Franz Kobell (1749–1822) gut gekannt,[7] was nicht unwahrscheinlich ist, da dessen Großneffe, der Mineraloge und Dichter Franz von Kobell, einer seiner besten Freunde war.

Ganz anders ist dies, wenn Pocci ein durchgearbeitetes Bild bieten will, das im Stil der Münchner Landschaftsmalerei einen topographisch – vergleichsweise – genauen Blick mit der Beobachtung einer Naturstimmung verbindet (Abb. 26). Vom

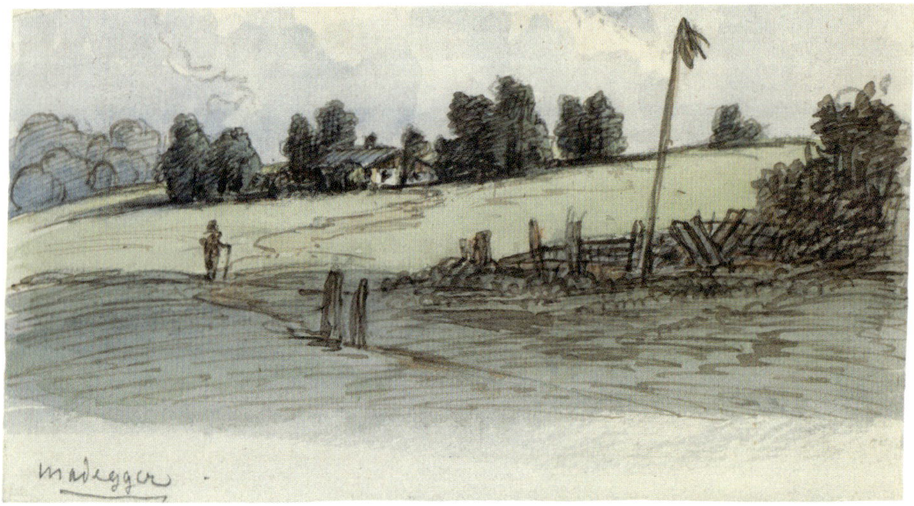

30 Kleine Landschaft (Madegger Weg in Münsing), Kat.-Nr. 105

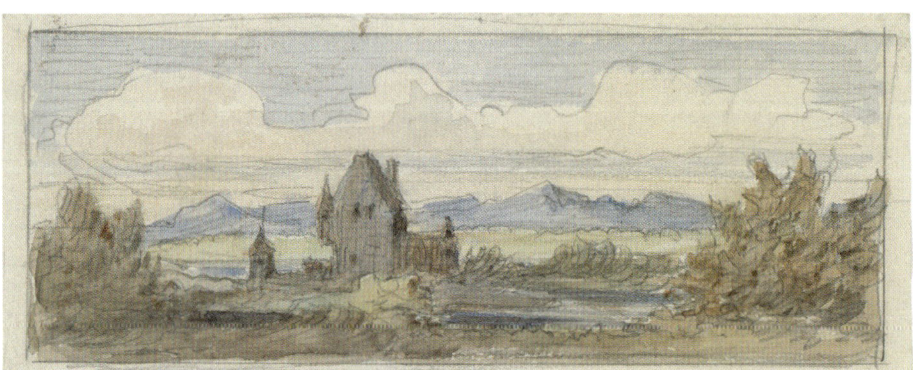

31 Kleine Landschaft, Kat.-Nr. 106

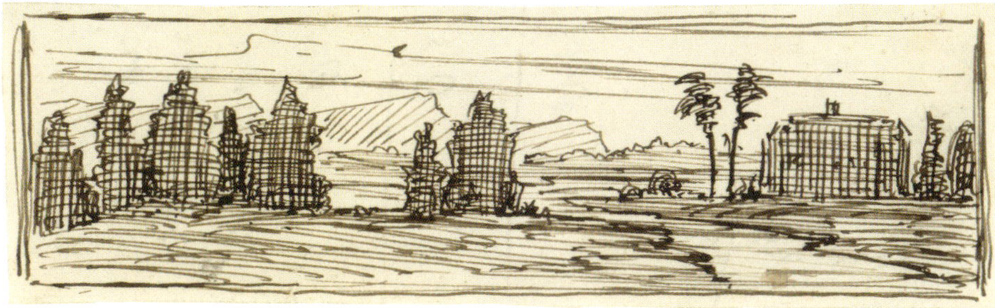

32 Landschaft im Gebirge, Kat.-Nr. 26

Walchensee kommend oberhalb von Wallgau öffnet sich der Blick über die herbstlichen Hügel auf das Werdenfelser Land. Mit der Schichtung der Prospekte und der Anmutung einer genau beobachteten Naturstimmung ist das Landschaftsbild klassisch komponiert, wie dies seit der Jahrhundertwende etwa bei Dillis und Wagenbauer zu einem gängigen Verfahren geworden war (Abb. 27). Dass Pocci mit der Staffage genau in der Mitte des Bildes – aber im Vordergrund der Landschaft – eine kleine Geschichte einflicht – zwei Gestalten, wohl Waldarbeiter, verbrennen Restholz –, entspricht den Ansprüchen dieser Zeit an ein vollendetes Bild.

Dergleichen konventionelle Bilder, die sich aus konkreten topographischen Beobachtungen speisen, konnte Pocci genauso schnell hinwerfen wie seine Burgen (Abb. 28). Immer wieder erinnern diese Bilder in der Art des neuen Landschaftsideals an den Starnberger See und das Voralpenland oder sind im direkten Umfeld von Poccis Schloss am See entstanden (Abb. 29). Sie können in ihrer Beiläufigkeit sehr naturgetreu wirken (Abb. 30). Pocci wäre aber nicht Pocci, wenn in dieser Art der Naturdarstellung nicht immer wieder die Phantasie mit ins Spiel käme (Abb. 31). Wie bei seinen Burgenphantasien führte er dergleichen Landschaften auch im Miniaturformat aus (Abb. 32), wobei man heute meist nicht mehr sagen kann, ob diese kleinen Bilder wie Vignetten einmal dazu dienten, einen Brief zu schmücken, ob sie, aus Skizzenblättern ausgeschnitten, vom Künstler auf Vorrat produziert wurden oder ob er sie in irgendeiner anderen Form gesammelt hat.

Von der realen Welt zur Märchenwelt

Pocci trat zu Lebzeiten nicht als Landschaftsmaler öffentlich in Erscheinung. Seine Studien vor der Natur und seine daraus entwickelten Phantasien flossen jedoch direkt in die Prospekte seiner Märchen- und Historienbilder ein. Ein Beispiel für diese Idealkompositionen ist ein Blatt aus dem Besitz von Hyacinth Holland mit dem Blick aus einem Wald heraus in die vergangene Welt der Ritterburgen, die das pittoreske Land beherrschen (Abb. 33). Der mittelalterlich gekleidete Sänger,

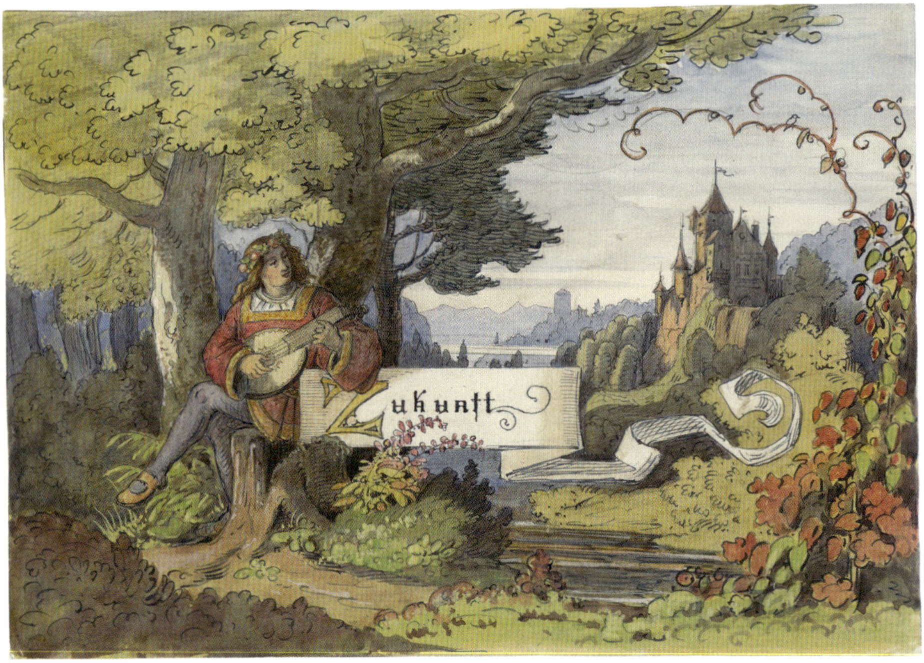

33 Zukunft, Kat.-Nr. 90

der sich im Wald niedergelassen hat, ist hingegen der »Zukunft« zugewandt, wie dem ins Bild geflochtenen Spruchband zu entnehmen ist. Diese retrospektive Welt war das Grundthema vieler Lieder und Gedichte Poccis, wie man an einer Skizze zur Illustration des Gedichtes *Der Sänger* sehen kann (Abb. 34), bei der man meinen könnte, dem gleichen Barden in anderer Situation wieder zu begegnen.

Von diesen so realistisch wirkenden Phantasiewelten vergangener Zeiten ist es nur ein kleiner Schritt in das Reich des ganz und gar Phantastischen und Märchenhaften. Wenn kleine Zwerge an Humpen und Krügen herumklettern (Abb. 35), als handle es sich um einen mitternächtlichen Spuk, oder wenn die kleinen Gnome ihrem König schwer bewaffnet folgen (Abb. 36), dann ist das Agieren, sind die Bewegungen dieser Miniaturmenschen genauso überzeugend dargestellt wie die der mittelalterlichen Ritter und Barden. So, wie aus Poccis Phantasie die Burgen sprudelten, steigen die Ideen zu kleinen Bildzyklen empor und werden Stück für Stück nebeneinander gesetzt, bis eine weitere Idee das zunächst klar wirkende Konzept wieder über den Haufen wirft (Abb. 37). Die puttenartigen Kinder, die Holz sammeln, ernten, fischen, säen, könnten für einen Jahreszeitenzyklus gedacht sein. Doch dann erscheint plötzlich der Heilige Michael mit dem Schwert und der Waage, als ginge es zum Weltgericht, woraufhin im letzten Bild im Bild ein bacchantisches Paar tanzt und musiziert. Die Mischung

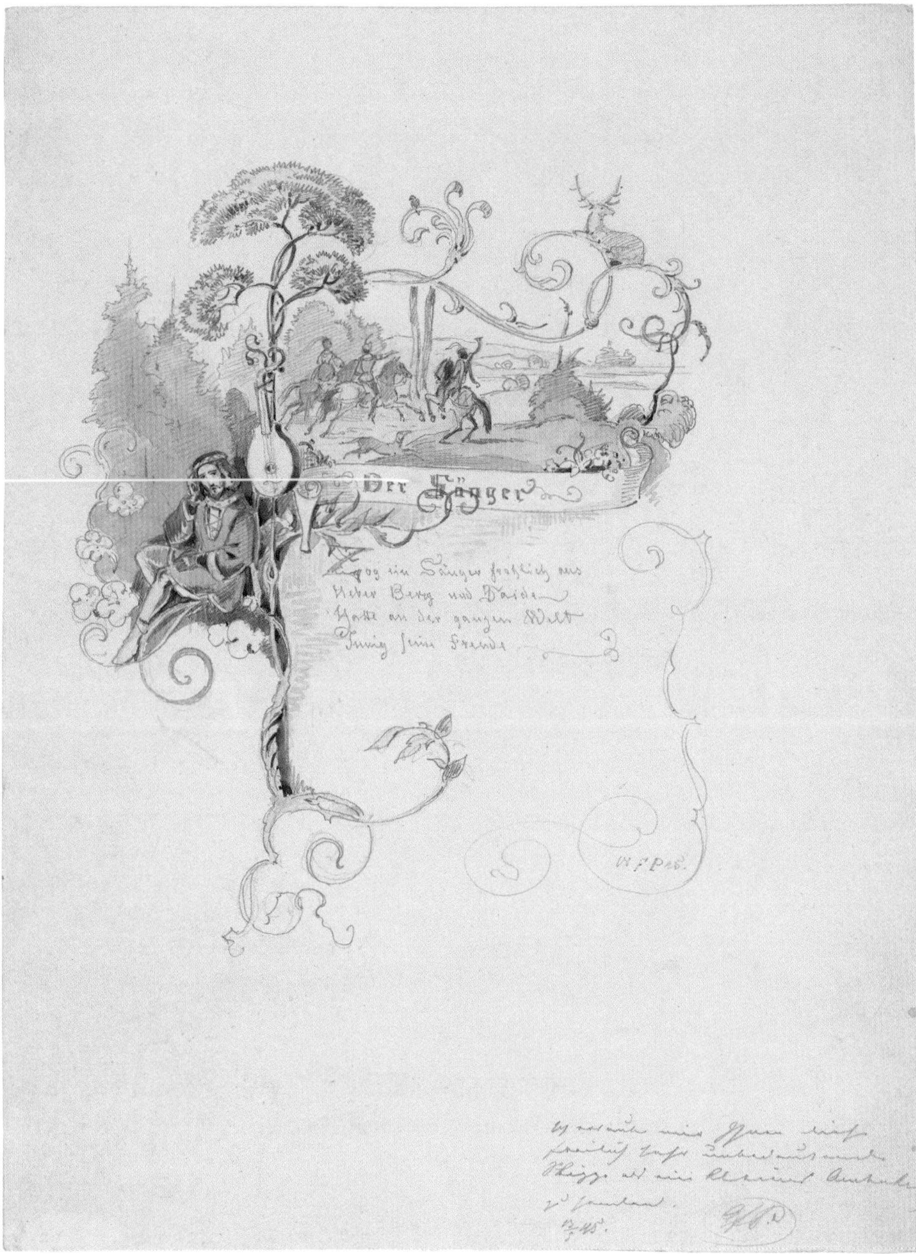

34 Der Sänger, 1846, Kat.-Nr. 71

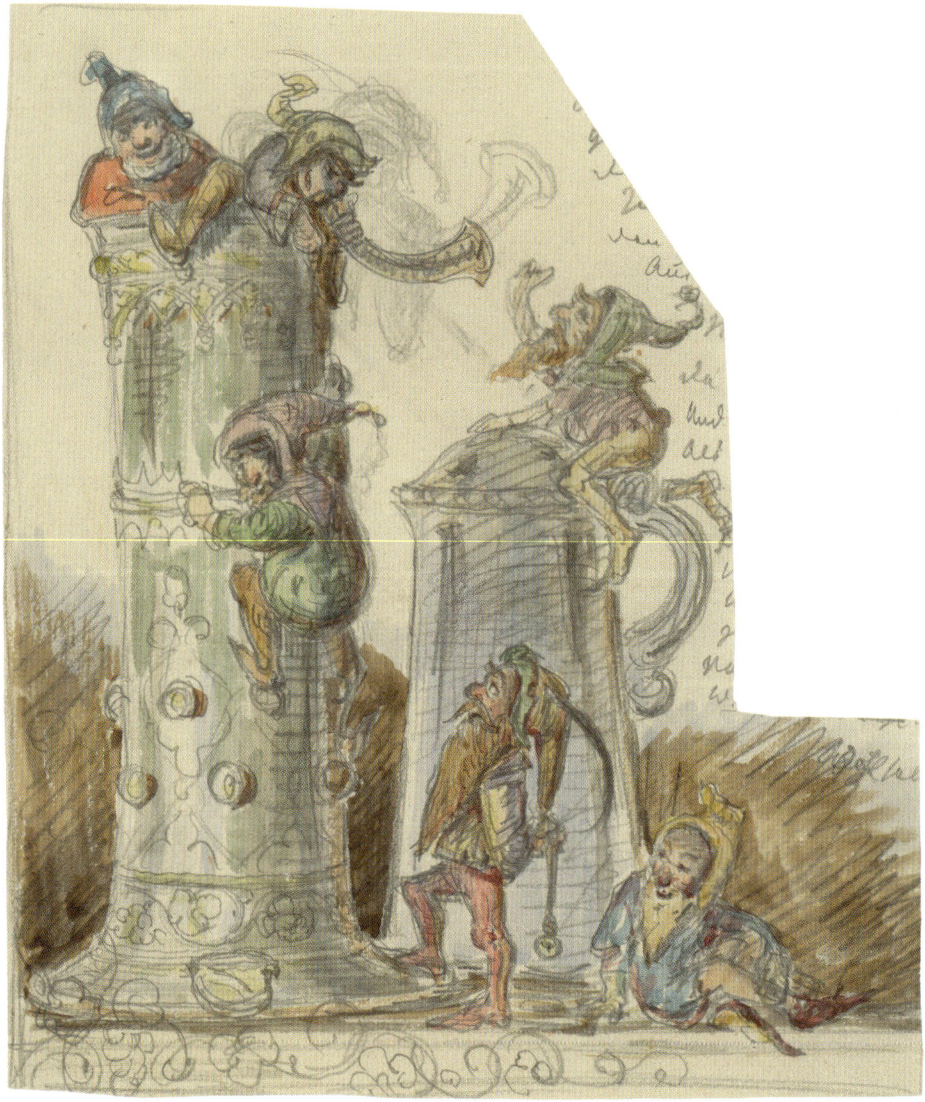

35 Humpen und Zwerge, Kat.-Nr. 66

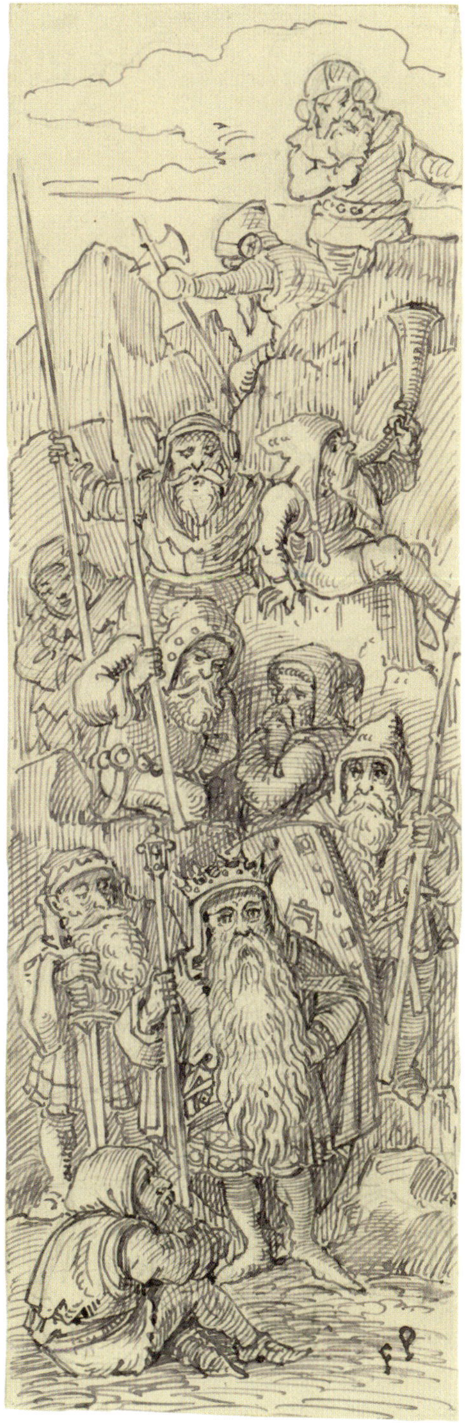

36 Zwergenkönig mit Gefolge, Kat.-Nr. 78

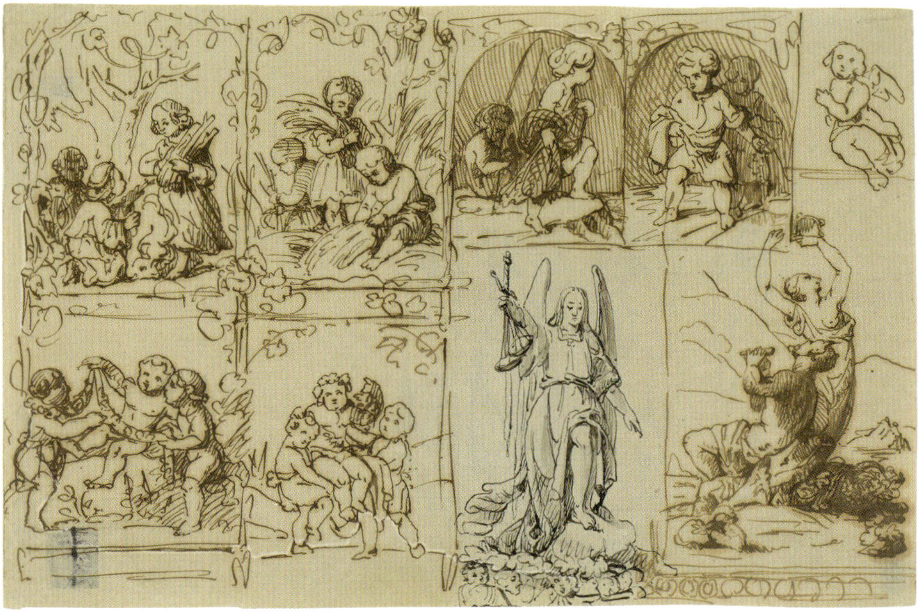

37 Bildergeschichte mit erntenden Kindern, Kat.-Nr. 37

könnte kaum bunter sein. Während zunächst eine klare Ordnung mit einem Rankengerüst herrscht, in das die ersten vier Szenen eingelassen sind, beginnen die nächsten Ideen zu wuchern. Der Engel ist mit einer etwas anderen Farbe angelegt, sodass es auch sein kann, dass ihn Pocci später einfügte. Die erntenden Putten könnten Pocci zu dem Gedankensprung anregten haben, den hl. Michael ins Spiel zu bringen, der seinen Festtag am 29. September, in der Erntezeit, hat. Doch dann springt seine Phantasie in die Antike und es ist, als könnten wir den Künstler und seinen unsteten Geist beim Denken und Kombinieren beobachten.

Auf diese Art sammelte Pocci seine Ideen und legte – oft mit der Präzision eines Miniaturmalers – die Umrisse von komplexen Szenen an, meist, um sie dann in sorgfältig durchgearbeiteten Zeichnungen abzuschließen. Am Beispiel der Vorstudien zur Illustration des Märchens *König Drosselbart* nach den *Kinder- und Hausmärchen* der Brüder Grimm ist dies gut nachzuvollziehen. Die Geschichte ist schnell zusammengefasst: Eine wunderschöne Königstochter machte sich über alle Bewerber um ihre Hand – insbesondere einen mit schiefem Kinn, den sie Drosselbart nannte – lustig, sodass ihr verärgerter Vater sie sprichwörtlich dem Erstbesten, einem Bettler, zur Frau gibt. Bei diesem erweist sie sich aber für jegliche Arbeit als unbrauchbar, wobei sie von unterschiedlichen Erscheinungen betört oder bloßgestellt wird, bis sich der von ihr als Drosselbart verspottete Bewerber als der Störenfried und Verführer offenbart und sie ihm nun reuig folgt.

Pocci legte bereits in den ersten Entwürfen vier Register an, in denen die Geschichte in insgesamt fünf Szenen visuell begleitet wird (Abb. 38–41): Oben das Fest, bei dem die Tochter alle Bewerber verspottet, darunter die Verstoßene, die von einem Spielmann betört wird. Es folgt eine Episode auf dem Stadtmarkt, wo ihr ein wilder Reiter alle Ware zerschlägt, und im letzten Bild wird sie von Drosselbart zum (Hochzeits-)Fest geführt. Daraus entwickelte er eine Folge von sauber ausgeführten Zeichnungen, die wohl nicht erhalten sind, die aber einem professionellen Holzstecher als Vorlage für Reproduktionen gedient haben müssen. Denn publiziert wurden die Bilder zusammen mit dem Text des Märchens als 220. Folge des *Münchener Bilderbogens* (Abb. 42), auf den Druckstock gebracht vom wichtigsten Stecher des Verlags Braun & Schneider, Nikolaus Knilling (1825–1907).

Die seit 1849 alle zwei Wochen erscheinenden Einzelblätter des *Münchener Bilderbogens* aus dem Verlag von Kaspar Braun und Friedrich Schneider kombinierten Text und Bild.[8] Neben der normalen gab es eine mit Schablonen handkolorierte Ausgabe der meisten Blätter, so auch von *König Drosselbart.* Den Buchdruck der Schrift ergänzte der erst kurz zuvor in Deutschland populär gewordene Holzstich ideal, da beides im Hochdruckverfahren produziert wird. Im Gegensatz zum Holzschnitt wird beim Holzstich das Hartholz quer zu seiner Maserung mit Sticheln – ähnlich wie beim Kupferstich – bearbeitet, was feinste Stege und damit die Wiedergabe von Schraffuren erlaubt. Der extrem harte Druckstock ermöglicht zudem hohe Auflagen. Im Holzstich lassen sich winzige Details der Zeichnung und naturgetreue Tonabstufungen wiedergeben, was bis dahin im Buchdruck nicht möglich war. Pocci hat zwar selbst Druckstöcke in der Radier- und der Lithographietechnik bearbeitet, aber für den Holzstich bedurfte es wegen der mikroskopischen Präzision in der Bearbeitung der Druckplatte professioneller Stecher. Diese bekamen von den Künstlern eine durchgearbeitete Zeichnung, die über die Umrisslinien hinaus die Hell-Dunkel-Verteilung in Form von Schraffuren oder Lavierungen mit dem Pinsel zeigte. Die Stecher übersetzten diese Vorlage in ein Liniensystem, das den optischen Eindruck einer Handzeichnung auch in der Reproduktion vermitteln konnte.

Die Illustration im Holzstichverfahren erfordert eine sorgfältige Planung und der erfindende Künstler muss erst zu einem Endergebnis kommen, ehe der Stecher beginnen kann. Vergleicht man im konkreten Beispiel der Geschichte des König Drosselbart nochmals die Details der Vorstudien mit dem ausgeführten Entwurf, wird deutlich, dass Pocci zu allen vier Registern bereits fertige Ideen hatte und ihm die Schlüsselszenen der Geschichte, die er darstellen wollte, vor Augen standen. Für die endgültige Ausführung nahm er jedoch noch zahlreiche Veränderungen vor. Die konnten fundamental sein, wenn er die Szenen des zweiten Registers von der Stadt in eine freie Landschaft verlegte, oder vergleichsweise geringfügig, wenn er dem über einen Töpfermarkt preschenden Reiter ein anderes Kostüm gab

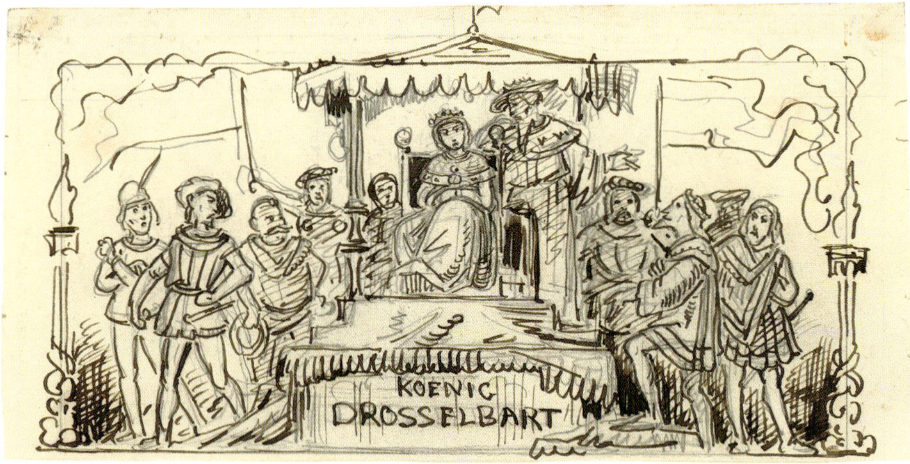

38 Vorzeichnung zu König Drosselbart, 1858, Kat.-Nr. 94

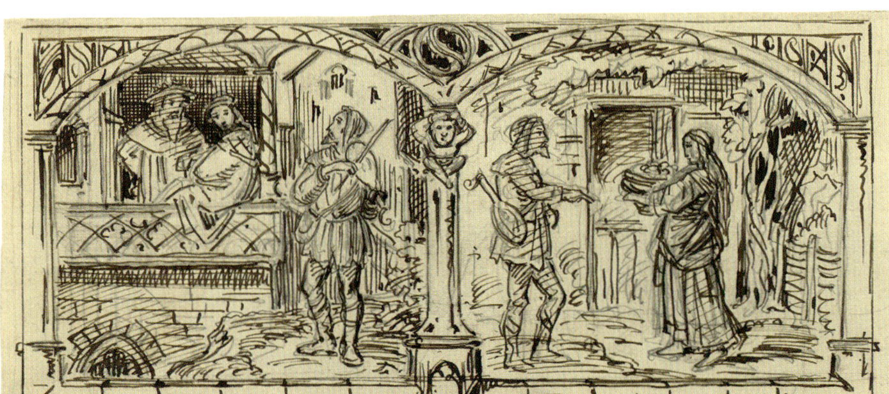

39 Vorzeichnung zu König Drosselbart, 1858, Kat.-Nr. 95

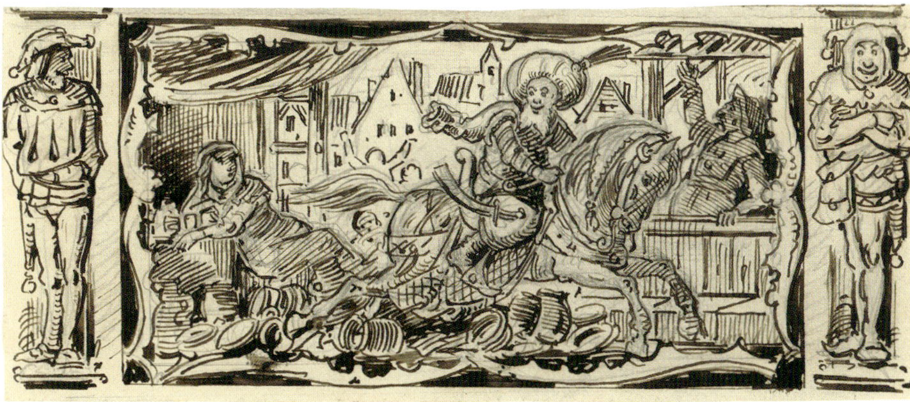

40 Vorzeichnung zu König Drosselbart, 1858, Kat.-Nr. 96

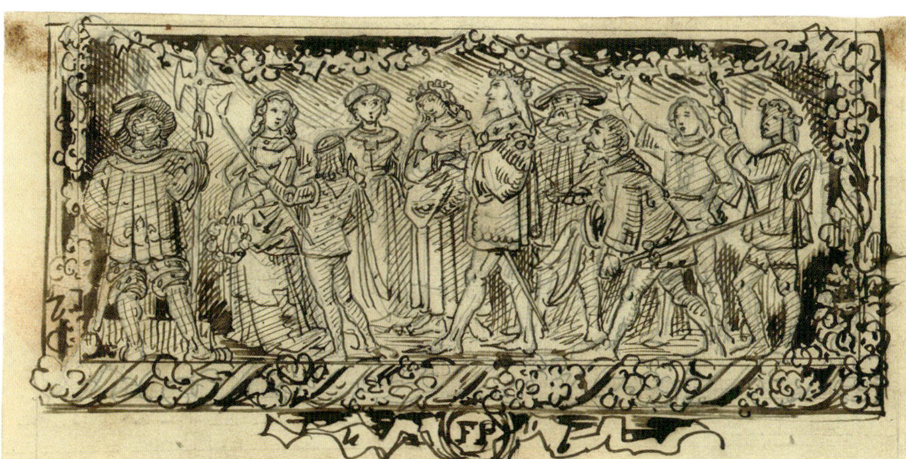

41 Vorzeichnung zu König Drosselbart, 1858, Kat.-Nr. 97

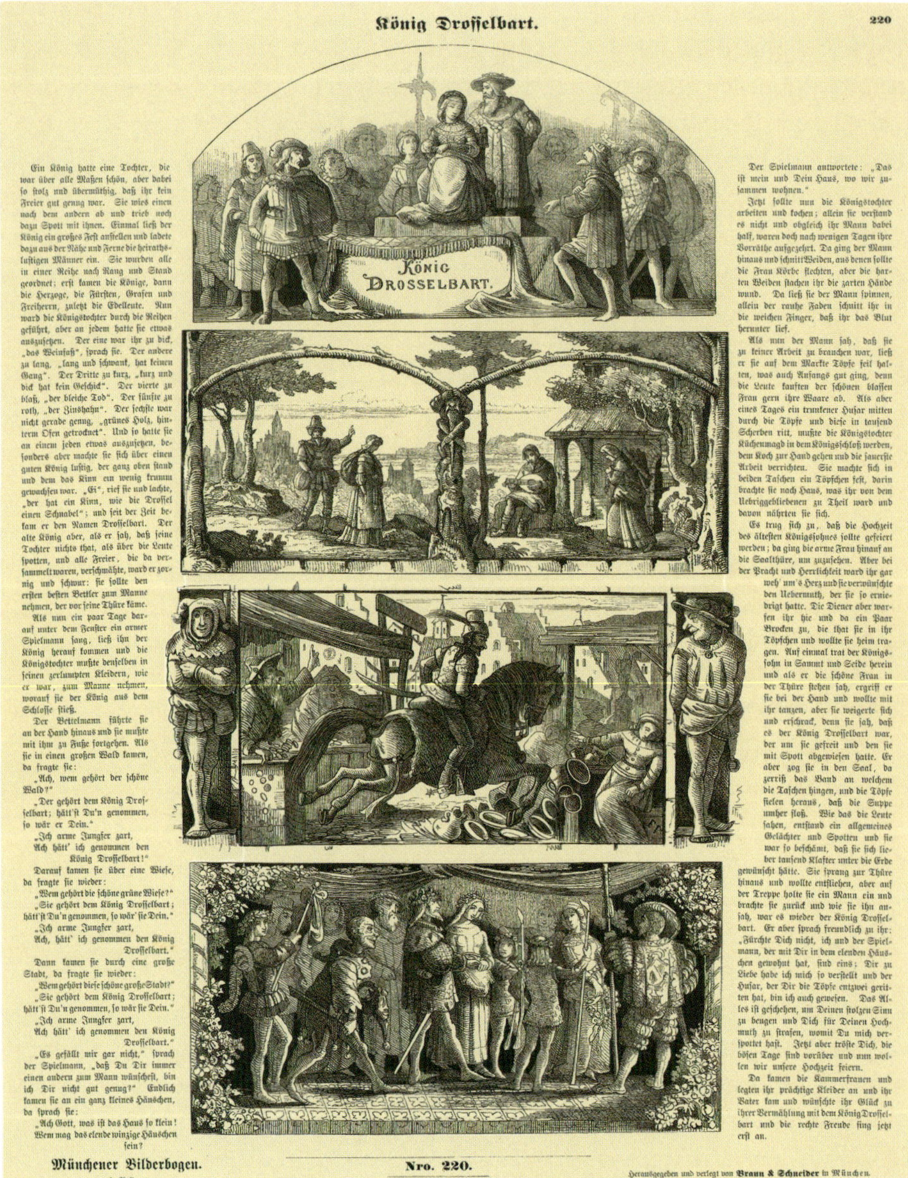

König Drosselbart. 220

KÖNIG DROSSELBART.

Ein König hatte eine Tochter, die war über alle Maßen schön, aber dabei so stolz und übermüthig, daß ihr kein Freier gut genug war. Sie wies einen nach dem andern ab und trieb noch dazu Spott mit ihnen. Einmal ließ der König ein großes Fest anstellen und ladete dazu aus der Nähe und Ferne die heirathslustigen Männer ein. Sie wurden alle in einer Reihe nach Rang und Stand geordnet; erst kamen die Könige, dann die Herzoge, die Fürsten, Grafen und Freiherrn, zuletzt die Edelleute. Nun ward die Königstochter durch die Reihen geführt, aber an jedem hatte sie etwas auszusetzen. Der eine war ihr zu dick, „das Weinfaß“, sprach sie. Der andere zu lang, „lang und schwank, hat keinen Gang“. Der Dritte zu kurz, „kurz und dick hat kein Geschick“. Der vierte zu blaß, „der bleiche Tod“. Der fünfte zu roth, „der Zinshahn“. Der sechste war nicht gerade genug, „grünes Holz, hinterm Ofen getrocknet“. Und so hatte sie an einem jeden etwas auszusetzen, besonders aber machte sie sich über einen guten König lustig, der ganz oben stand und dem das Kinn ein wenig krumm gewachsen war. „Ei“, rief sie und lachte, „der hat ein Kinn, wie die Drossel einen Schnabel“; und seit der Zeit bekam er den Namen Drosselbart. Der alte König aber, als er sah, daß seine Tochter nichts that, als über die Leute spotten, und alle Freier, die da versammelt waren, verschmähte, ward er zornig und schwur: sie sollte den ersten besten Bettler zum Manne nehmen, der vor seine Thüre käme.

Als nun ein paar Tage darauf unter dem Fenster ein armer Spielmann sang, ließ ihn der König herauf kommen und die Königstochter mußte denselben in seinen zerlumpten Kleidern, wie er war, zum Manne nehmen, worauf sie der König aus dem Schlosse stieß.

Der Bettelmann führte sie an der Hand hinaus und sie mußte mit ihm zu Fuße fortgehen. Als sie in einen großen Wald kamen, da fragte sie:

„Ach, wem gehört der schöne Wald?“

„Der gehört dem König Drosselbart; hätt'st Du'n genommen, so wär er Dein.“

„Ich arme Jungfer zart,
Ach hätt' ich genommen den
König Drosselbart!“

Darauf kamen sie über eine Wiese, da fragte sie wieder:

„Wem gehört die schöne grüne Wiese?“

„Sie gehört dem König Drosselbart; hätt'st Du'n genommen, so wär' sie Dein.“

„Ich arme Jungfer zart,
Ach, hätt' ich genommen den König
Drosselbart.“

Dann kamen sie durch eine große Stadt, da fragte sie wieder:

„Wem gehört diese schöne große Stadt?“

„Sie gehört dem König Drosselbart; hätt'st Du'n genommen, so wär sie Dein.“

„Ich arme Jungfer zart,
Ach hätt' ich genommen den König
Drosselbart.“

„Es gefällt mir gar nicht,“ sprach der Spielmann, „daß Du Dir immer einen andern zum Mann wünschest, bin ich Dir nicht gut genug?“ Endlich kamen sie an ein ganz kleines Häuschen, da sprach sie:

„Ach Gott, was ist das Haus so klein!
Wem mag das elende winzige Häuschen
sein?

Der Spielmann antwortete: „Das ist mein und Dein Haus, wo wir zusammen wohnen.“

Jetzt sollte nun die Königstochter arbeiten und kochen; allein sie verstand es nicht und obgleich ihr Mann dabei half, waren doch nach wenigen Tagen ihre Vorräthe aufgezehrt. Da ging der Mann hinaus und schnitt Weiden, aus denen sollte die Frau Körbe flechten, aber die harten Weiden stachen ihr die zarten Hände wund. Da ließ sie der Mann spinnen, allein der rauhe Faden schnitt ihr in die weichen Finger, daß ihr das Blut herunter lief.

Als nun der Mann sah, daß sie zu keiner Arbeit zu brauchen war, ließ er sie auf dem Markte Töpfe feil halten, was auch Anfangs gut ging, denn die Leute kauften der schönen blassen Frau gern ihre Waare ab. Als aber eines Tages ein trunkener Husar mitten durch die Töpfe und diese in tausend Scherben ritt, mußte die Königstochter Küchenmagd in dem Königsschloß werden, dem Koch zur Hand gehen und die sauerste Arbeit verrichten. Sie machte sich in beiden Taschen ein Töpfchen fest, darin brachte sie nach Haus, was ihr von dem Uebriggebliebenen zu Theil ward und davon nährten sie sich.

Es trug sich zu, daß die Hochzeit des ältesten Königssohnes sollte gefeiert werden; da ging die arme Frau hinauf an die Saalthüre, um zuzusehen. Aber bei der Pracht und Herrlichkeit ward ihr gar weh' um's Herz und sie verwünschte den Uebermuth, der sie so erniedrigt hatte. Die Diener aber warfen ihr hie und da ein Paar Brocken zu, die that sie in ihr Töpfchen und wollte sie heim tragen. Auf einmal trat der Königssohn in Sammt und Seide herein und als er die schöne Frau in der Thüre stehen sah, ergriff er sie bei der Hand und wollte mit ihr tanzen, aber sie weigerte sich und erschrack, denn sie sah, daß es der König Drosselbart war, der um sie gefreit und den sie mit Spott abgewiesen hatte. Er aber zog sie in den Saal, da zerriß das Band an welchem die Taschen hingen, und die Töpfe fielen heraus, daß die Suppe umher floß. Wie das die Leute sahen, entstand ein allgemeines Gelächter und Spotten und sie war so beschämt, daß sie sich lieber tausend Klafter unter die Erde gewünscht hätte. Sie sprang zur Thüre hinaus und wollte entfliehen, aber auf der Treppe holte sie ein Mann ein und brachte sie zurück und wie sie ihn ansah, war es wieder der König Drosselbart. Er aber sprach freundlich zu ihr: „Fürchte Dich nicht, ich und der Spielmann, der mit Dir in dem elenden Häuschen gewohnt hat, sind eins; Dir zu Liebe habe ich mich so verstellt und der Husar, der Dir die Töpfe entzwei geritten hat, bin ich auch gewesen. Das Alles ist geschehen, um Deinen stolzen Sinn zu beugen und Dich für Deinen Hochmuth zu strafen, womit Du mich verspottet hast. Jetzt aber tröste Dich, die bösen Tage sind vorüber und nun wollen wir unsere Hochzeit feiern.

Da kamen die Kammerfrauen und legten ihr prächtige Kleider an und ihr Vater kam und wünschte ihr Glück zu ihrer Vermählung mit dem König Drosselbart und die rechte Freude fing jetzt erst an.

Münchener Bilderbogen.

4. Auflage.

(Alle Rechte vorbehalten.)

Nro. 220.

Kgl. Hof- und Universitäts-Buchdruckerei von Dr. C. Wolf & Sohn in München.

Herausgegeben und verlegt von **Braun & Schneider** in München.

42 König Drosselbart, Münchener Bilderbogen Nr. 220, 1858, Kat.-Nr. 117

und das Pferd in dynamischerer Weise in den Stadtraum galoppieren ließ. Dass der Brautzug im vierten Register die Richtung wechselte, geht sicherlich auf eine Entscheidung des Künstlers zurück, ihn in der Leserichtung von links nach rechts ziehen zu lassen. Für den Holzstich mussten die entwerfenden Künstler die Seitenverkehrung, die mit dem Drucken verbunden ist, nicht weiter beachten, denn die professionellen Stecher hatten dank technischer Hilfen kein Problem, die ihnen vorliegenden Zeichnungen seitenverkehrt auf den Holzstock zu übertragen, damit die Reproduktion die Zeichnung dann seitenrichtig zeigt. Beim Beispiel der vier Vorzeichnungen können wir den Illustrator Pocci an den Details einer Bildergeschichte feilen sehen, die bereits auf den ganz konkreten Anlass hinzielt, im bewährten Schema der *Bilderbogen*-Illustrationen Text und Bild zu verflechten.

Der Illustrator

Pocci war ein geübter Illustrator, der in den unterschiedlichsten Zusammenhängen und Techniken gearbeitet hat. Als Künstler trat er mit zehn Lithographien zu Walter Scotts Ritterroman *Ivanhoe* 1825 erstmals öffentlich in Erscheinung, wenngleich die Reichweite gering gewesen sein dürfte, da er noch keinen Verlag hatte. Sein erstes Flugblatt schuf er 1826 mit der Lithographie für die Landshuter Burschenschaft Isaria zu dem von ihm selbst mit einer neuen Komposition versehenen Lied *Wenn ich ein Vöglein wär.* Es gibt kaum eine Gelegenheit, zu der Pocci keine kleine Graphik geschaffen hat – Theaterzettel, Widmungen, Einladungen, Speisekarten, Lieder, Gedichte, Kalender usw. Im Laufe der 1830er Jahre kamen kleine Hefte zum Beispiel mit Spruchbildern für Kinder hinzu.

Mit diesen Randzeichnungen folgte Pocci einem Illustrationstrend seiner Zeit. Ausgehend vom Erfolg der Arabesken in Philipp Otto Runges (1777–1810) Radierungen *Vier Zeiten* in zwei Auflagen 1805 und 1807 und der erstmaligen Publikation 1808 der Randzeichnungen von Albrecht Dürer im Gebetbuch von Kaiser Maximilian I. durch die kongenialen Lithographien von Johann Nepomuk Strixner (1782–1855) entwickelte sich nicht nur die »romantische Arabeske«, sondern auch ein neuer Stil der Literaturpublikation mit Rahmenzeichnungen.[9] Möglich wurde dies zuerst durch die technisch leicht praktikable Kombination von Text und Bild in der Lithographie und ab den 1830er Jahren durch die Kombination der Hochdrucktechniken von Holzstich und Buchdruck. Eugen Napoleon Neureuthers (1806–1882) *Randzeichnungen zu Goethes Balladen und Romanzen,* 1829 erschienen, machten diesen Illustrationstyp dann – nicht zuletzt aufgrund von Goethes Namen – weithin populär. Für Pocci muss all dies Anregung und Bestärkung in seinen eigenen Illustrationsideen gewesen sein.

Mit dem zwischen 1834 und 1837 in 15 Heften von Guido Görres (1805–1852) publizierten *Festkalender in Bildern und Liedern* dürften Poccis Bilder erstmals einem breiten Publikum bekannt geworden sein. Ab deren Gründung 1845 trug er regelmäßig zu der Satirezeitschrift von Kaspar Braun, *Fliegende Blätter,* bei, die schnell in ganz Deutschland populär wurde. Der Name der ersten Zeitschrift dieser Art in Deutschland geht vielleicht sogar auf eine kleine Publikation von Pocci zurück, der 1839 zusammen mit dem Dichter Ludwig Bechstein (1801–1860) sieben Gedichte mit radierten Rahmenbildernn mit diesem Titel herausgab.[10] Die Figur des *Staatshämorrhoidarius* – eines durch selbstzufriedene Faulheit erfolgreichen Beamten – entwickelte er in den *Fliegenden Blättern* in einzelnen Beiträgen und schuf mit der zusammenfassenden Buchpublikation die erste Bildergeschichte in Deutschland im Stile eines Rodolphe Töpffer (1799–1846), dessen Art, in Bildern zu erzählen, in den 1830er Jahren in ganz Europa für Aufmerksamkeit gesorgt hatte.[11] Für die Zeitschrift *Jugendblätter* der bekannten Autorin von Kinderliteratur, Isabella Braun (1815–1886), lieferte er bis zu seinem Tod über 70 Beiträge. Der Künstler Pocci ist für seine Zeitgenossen – so sie ihn nicht im Freundeskreis als Karikaturisten kannten – vor allem als Illustrator ein Begriff gewesen.

In diesem Metier wurde er in den 1840er Jahren – noch bevor die *Fliegenden Blätter* und der *Münchener Bilderbogen* deutschlandweit erfolgreich waren – über die Münchner Künstlerkreise und Gesellschaft hinaus bekannt, als seine Illustrationen in Leipziger Verlagen – der zentralen Verlagsstadt im damaligen deutschsprachigen Raum – erschienen. 1842 kam dort Poccis erster überregionaler Erfolg heraus, eine Broschüre mit 36 Illustrationen und Noten auf 48 Seiten mit dem Titel *Alte und neue Soldaten Lieder* (Abb. 43).[12] Die Holzstiche wurden von einem A. Jürgens – vielleicht der junge Hannoveraner Maler Anton Jürgens (1823–1883) – ausgeführt.[13] 1845 erschien eine zweite Auflage und 1847 wurde sie im gleichen Verlag Teil einer größeren Sammlung von Liedern, *Alte und neue Studenten-, Soldaten- und Volkslieder,* zu deren Illustrationen auch Ludwig Richter (1803–1884) beitrug, ein weiterer Erfolgsgraphiker dieser Zeit.

Wie diese Publikation zustande kam, ist nicht genauer erforscht, aber die Bebilderung von Noten und Text war 1842 bereits eine von Poccis Spezialitäten. Er erfand für die Lieder mit Randzeichnungen (Abb. 44), Titelvignetten (Abb. 45), Figureninitialen (Abb. 46) und kleinen Szenen (Abb. 47) das ganze Programm der Buchillustration. Eine Reihe von Zeichnungen aus den unterschiedlichen Phasen des Arbeitsprozesses haben sich dazu erhalten, anhand derer man die Arbeit des Illustrators nachvollziehen kann. So gibt es Bleistiftskizzen, die schon sehr genau die spätere Illustration vorbereiten, aber im Detail noch den suchenden Strich des Erfindens erkennen lassen und mit radierten Stellen auf verworfene Details hinweisen (Abb. 48). Man könnte sich gut vorstellen, dass der Künstler im nächsten Schritt zur Feder greift, um die Bleistiftlinien zu überzeichnen und damit das endgültige Bild festzulegen – ein damals übliches Verfahren. Bei der Vorlage zum *Reiterlied* (Abb. 49) hat Pocci dies getan – am Original kann man noch die

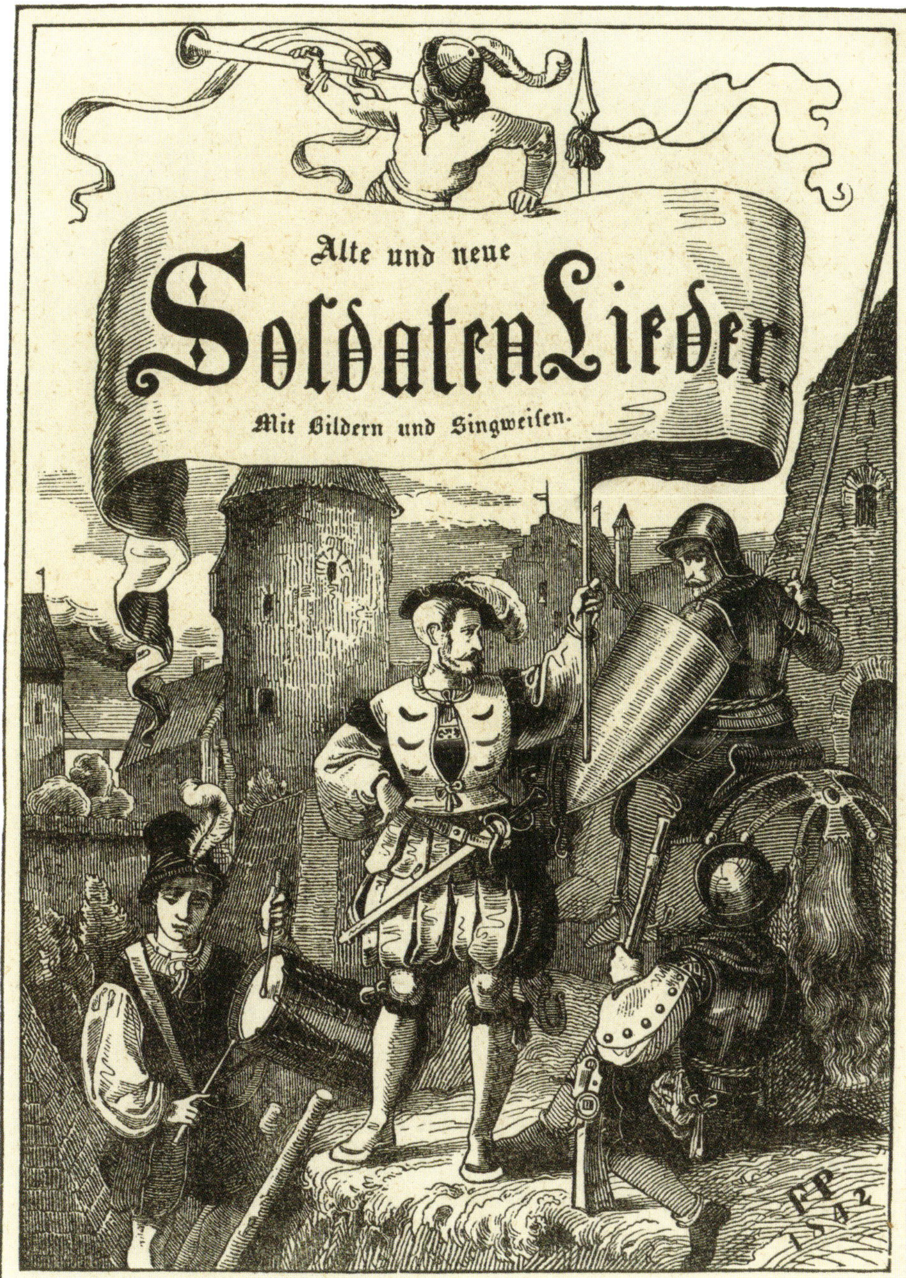

43 Titelblatt zu: Alte und neue Soldaten Lieder, Ausgabe 1847, Kat.-Nr. 118

Spuren der Bleistiftzeichnung erkennen. Hier nahm er dann noch den Pinsel zur Hand, um mit wenigen Schattenlinien und Flächen der Figur eine lebendige Plastizität zu geben. So verhält es sich auch bei Prinz Eugen (Abb. 50), »dem edlen Ritter«, der im Lied besungen und in der Rahmenzeichnungen dargestellt vor Belgrad das christliche Abendland gegen die muslimischen Invasoren verteidigt. Die Liedersammlung bietet natürlich die unterschiedlichsten Möglichkeiten, dramatische Szenen, große und kleine Emotionen, aber ebenso die Melancholie des Abschieds oder die langweiligen Seiten des Soldatenlebens in Szene zu setzen, wenn der »alte Krieger« seinen ebenfalls alten Mantel besingt, der ihn über die Jahre begleitet hat und bis ins Grab begleiten wird.

In den folgenden Jahrzehnten schuf Pocci noch zahlreiche Illustrationen zu Liedern und Gedichten und beteiligte sich an größeren Buchausgaben. Er war neben dem bereits erwähnten Eugen Napoleon Neureuther und Ludwig Richter, neben Moritz von Schwind (1804–1871) und Wilhelm von Kaulbach (1805–1884) einer der führenden Illustratoren seiner Zeit, ein Aspekt seiner Kunst, der heute etwas außer Betracht geraten ist, da der gesamte Bereich der populären, illustrierten Literatur des 19. Jahrhunderts nur noch in Fachkreisen zur Kenntnis genommen wird. Zwar haben wir keine zeitgenössischen Stimmen, aber wahrscheinlich war der ›Kasperlgraf‹ in der Wahrnehmung seiner Zeit und vor allem außerhalb Münchens eher der ›Lieder- und Märchengraf‹.

Neben den Literatur- und Musikillustrationen Poccis gibt es in seinem Werk Beispiele für die technisch innovative Seite des Illustrierens. Das Reproduktionswesen war im 19. Jahrhundert von ständigen Innovationen geprägt. Gerade in München versuchten sich seit der Etablierung der Lithographie durch Alois Senefelder (1771–1834) Künstler und Verleger wie Franz Hanfstaengl (1804–1877) an immer wieder neuen Techniken. Von Pocci ist durch seinen Nachlass überliefert, dass er zum Beispiel Grisaillen – ganz in Grautönen gehaltene Bilder – zeichnete, die als Vorlage für photographische Reproduktionen dienten oder dienen sollten. Das Bild mit dem *Martyrium des Hl. Johann Nepomuk* zeigt in geradezu stoischer Ruhe und einer ausgeglichenen Komposition, wie der Heilige von der Prager Karlsbrücke in den Tod in der Moldau gestoßen wird (Abb. 51). Es kam 1904 als Schenkung der Tochter des Künstlers in die Sammlung und diente als Vorlage für eine Photographie, wie das Inventarbuch vermerkt. Leider konnte diese Reproduktion noch nicht nachgewiesen werden, aber es muss sich um ein frühes Beispiel dieses Verfahrens handeln, das ab den 1870er Jahren dazu führte, dass Künstler sogar ihre erfolgreichen Gemälde in Grisaillemalerei wiederholten, um diese Wiederholungen dann als Reproduktionen vertreiben zu lassen. Da dies aufwendig war, muss der Ertrag der Reproduktionen wohl sehr lukrativ gewesen sein, was bislang aber nicht genauer untersucht wurde.[14]

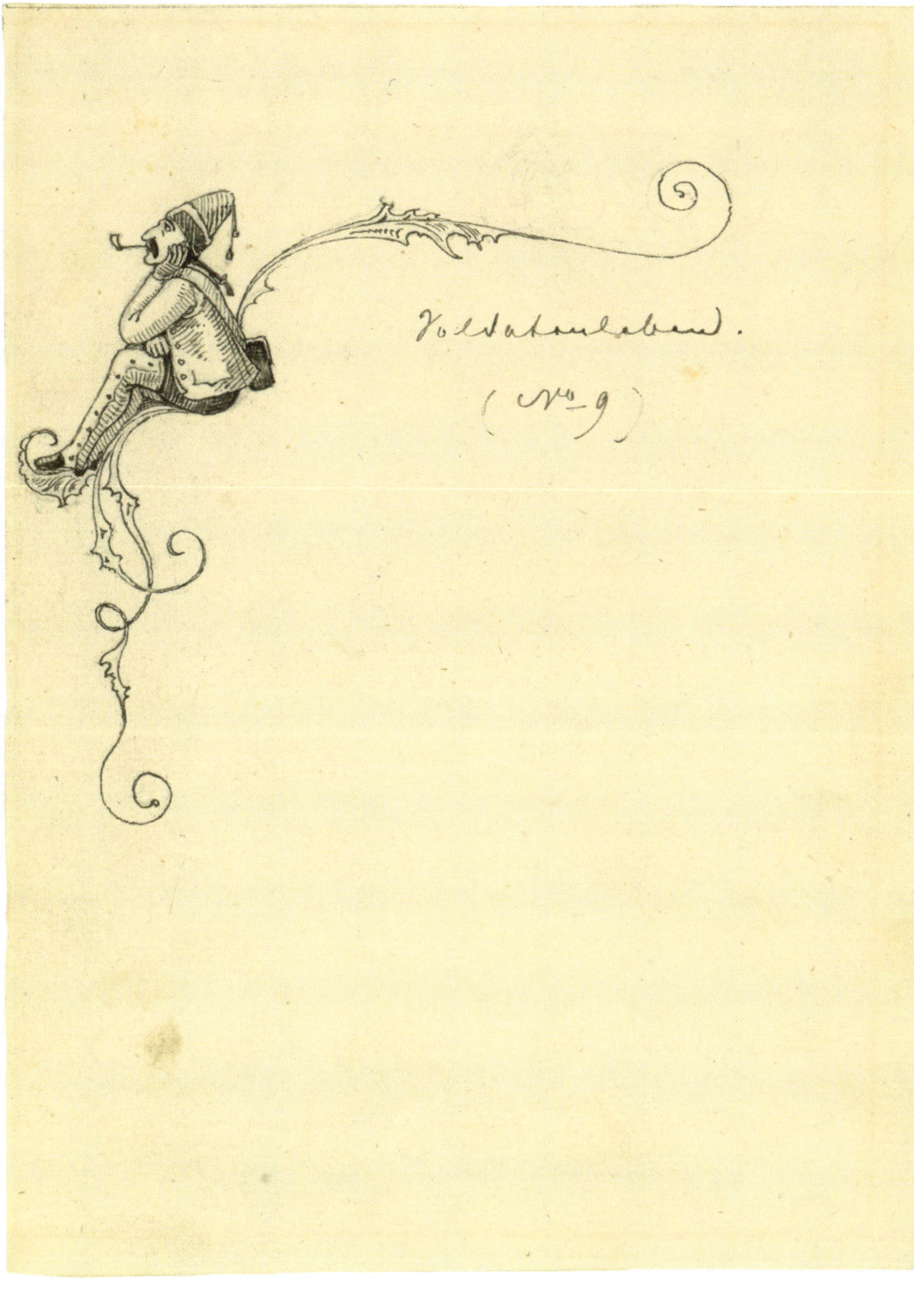

44 Soldatenleben, um 1842, Kat.-Nr. 10

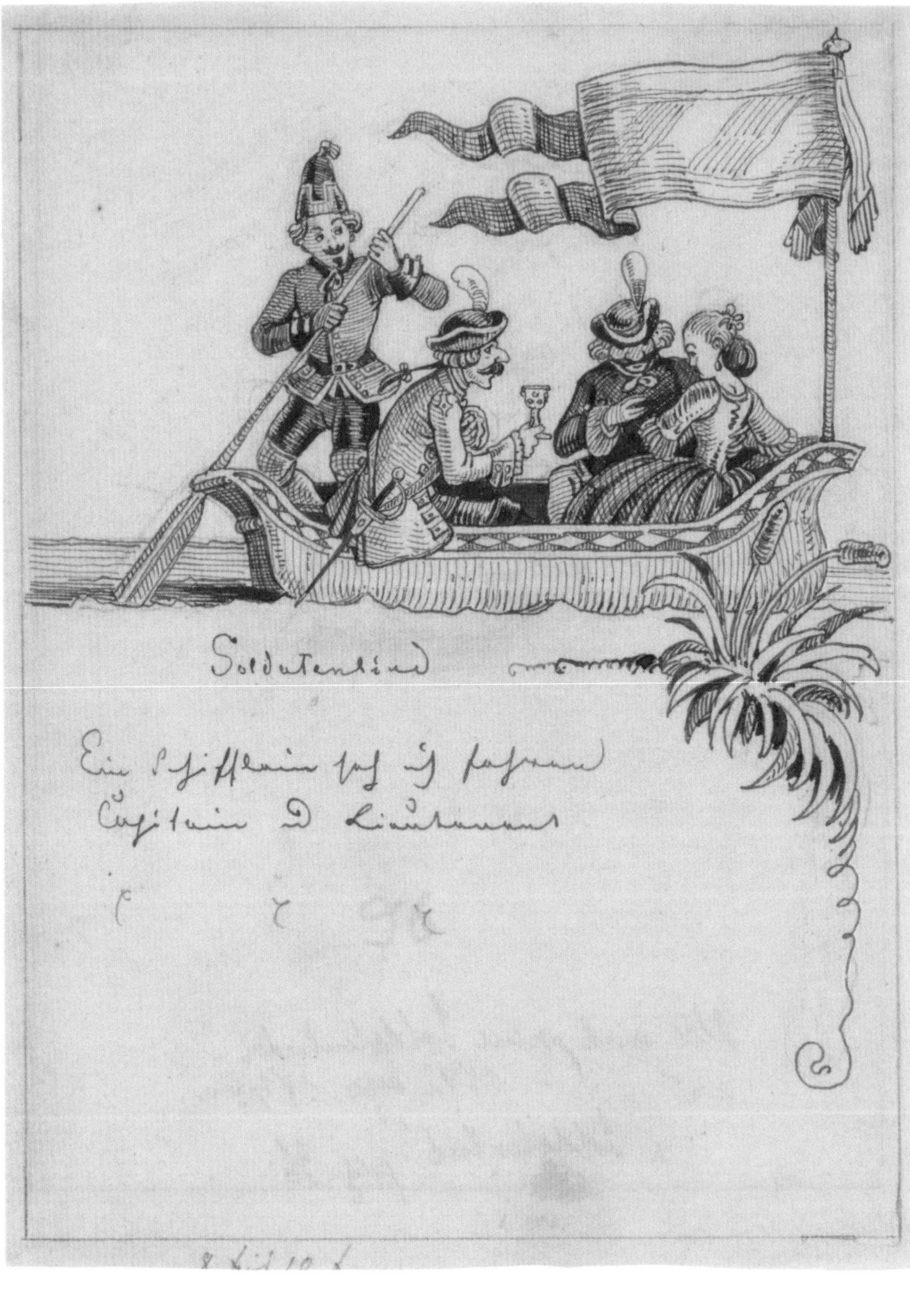

45 Soldatenlied (Ein Schifflein sah ich fahren ...), um 1842, Kat.-Nr. 14

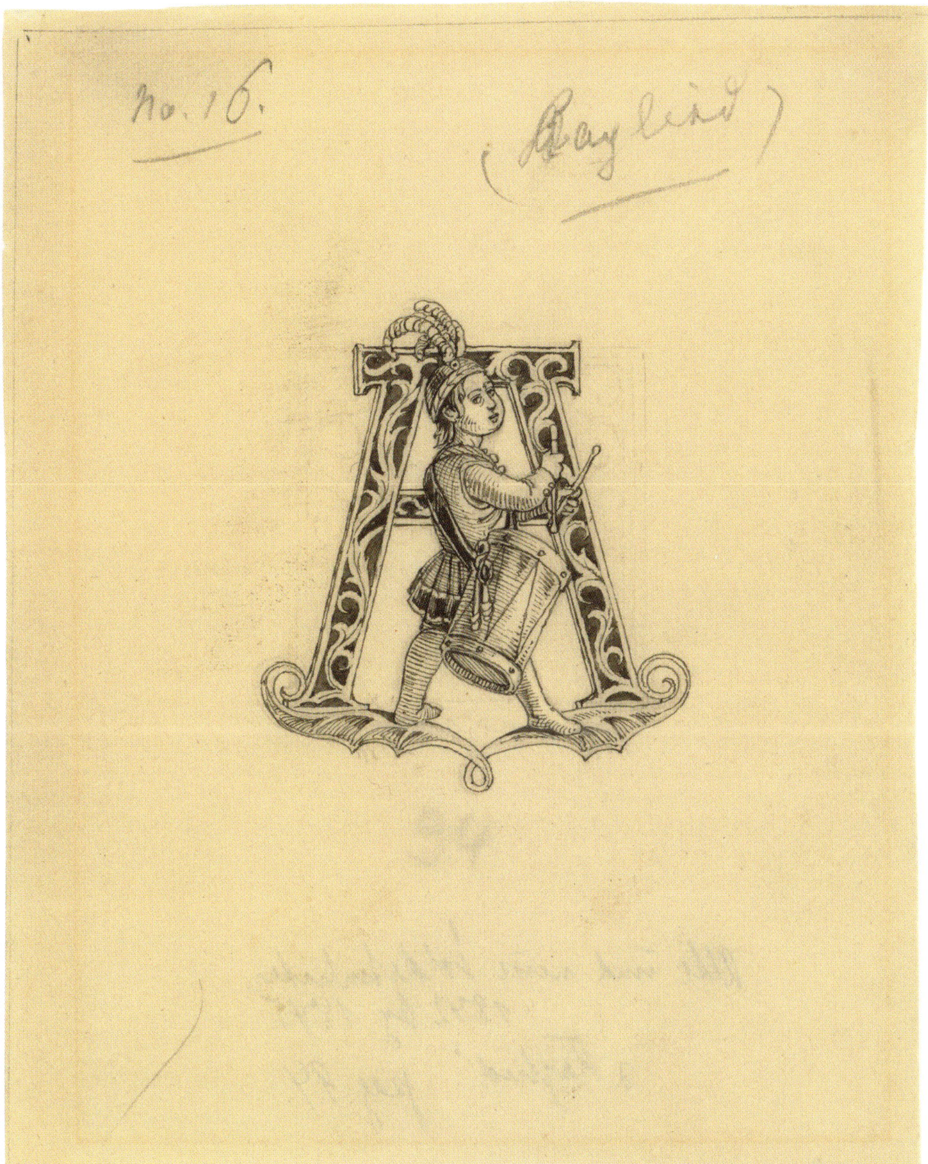

46 Initiale A zu: Kaplied, um 1842, Kat.-Nr. 13

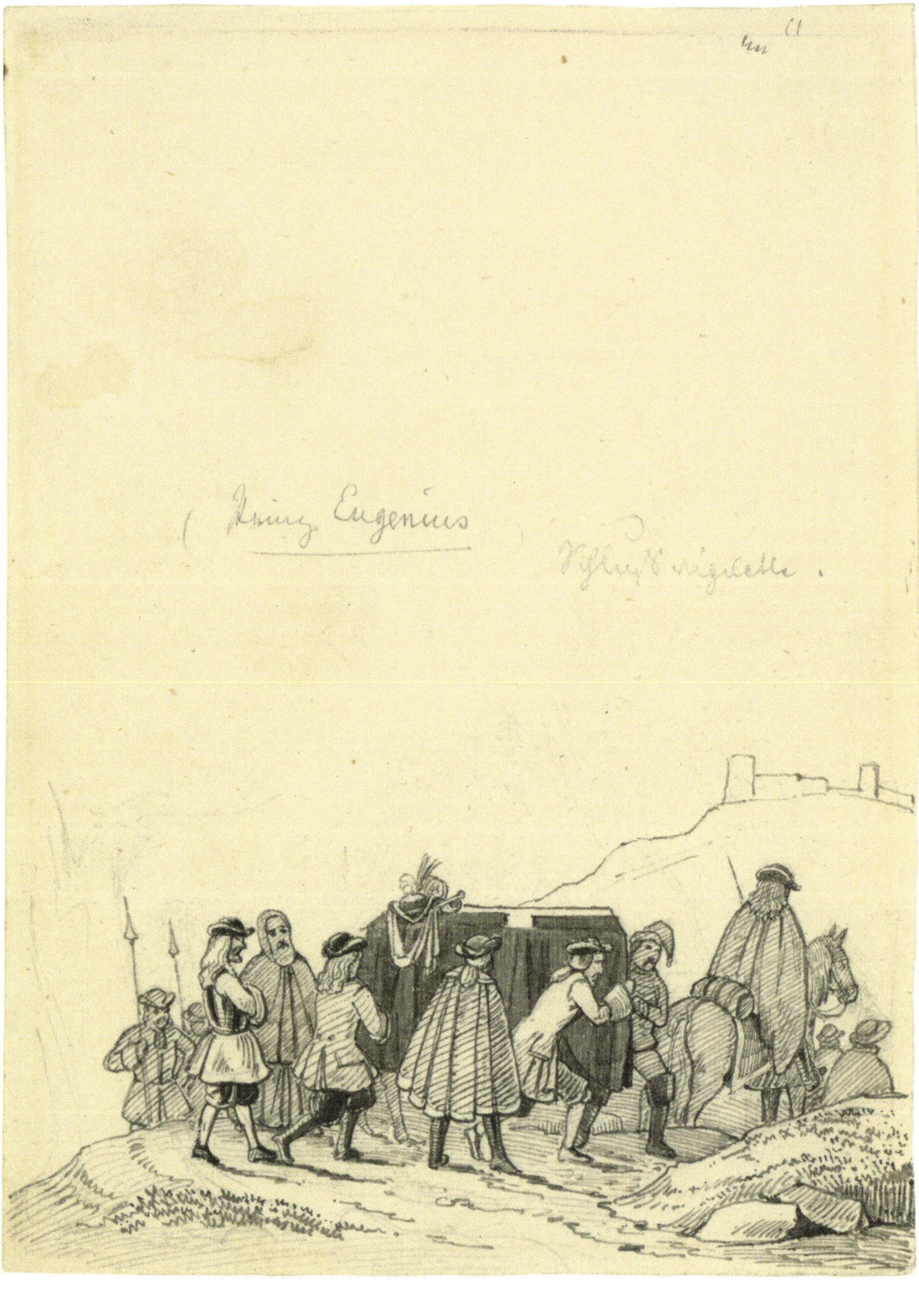

47 Kleine Szene zu Prinz Eugen vor Belgrad, um 1842, Kat.-Nr. 3

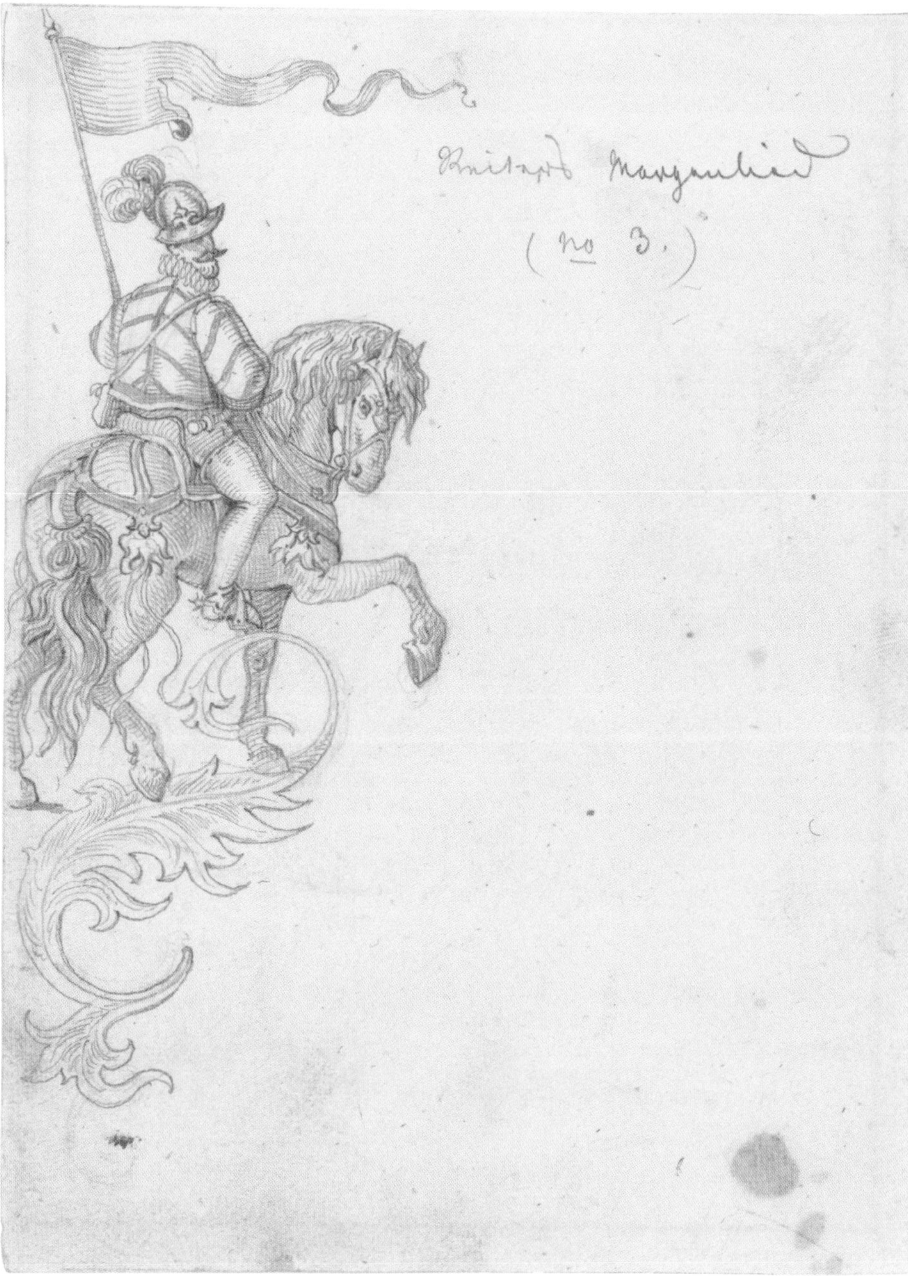

48 Entwurf zu Reiters Morgenlied, um 1842, Kat.-Nr. 6

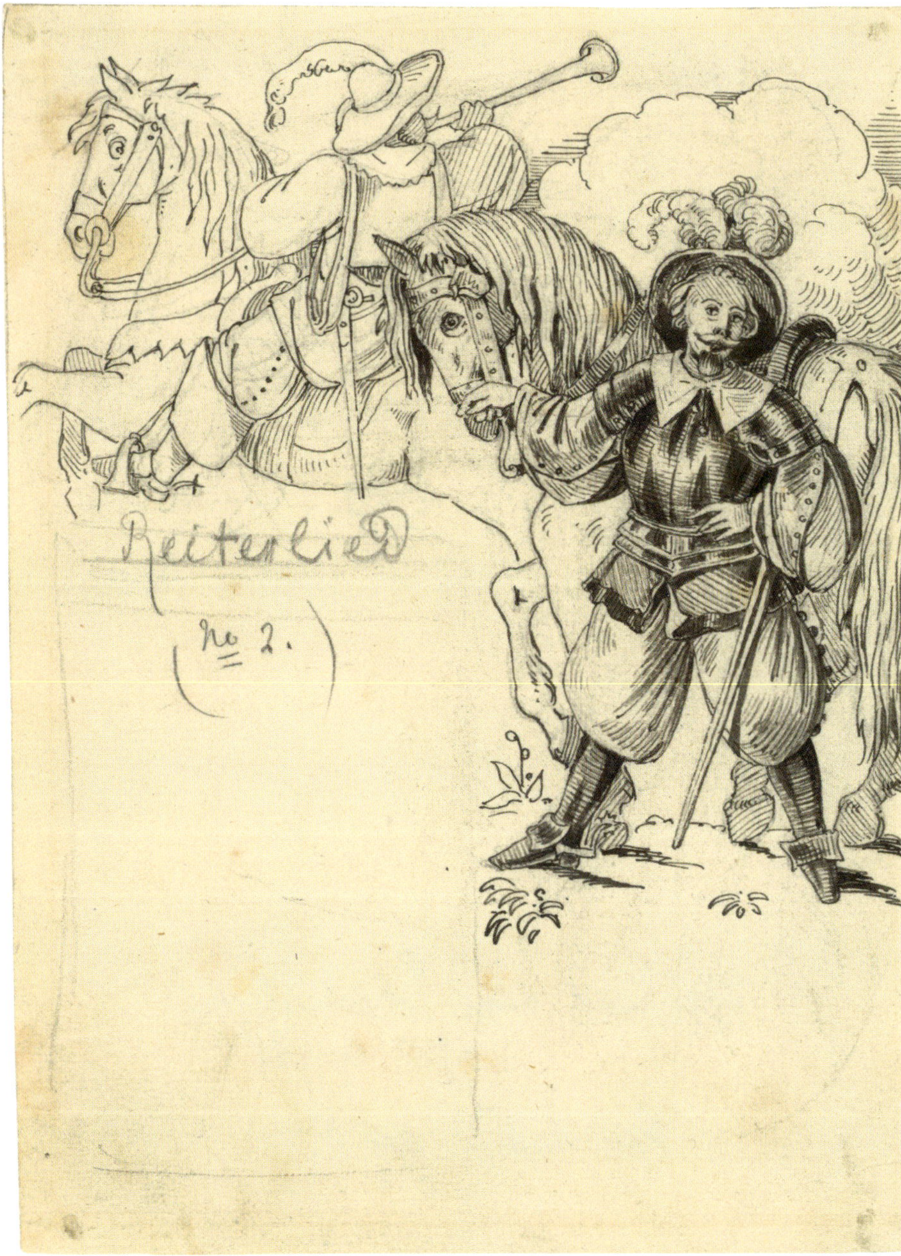

49 Reiterlied, um 1842, Kat.-Nr. 5

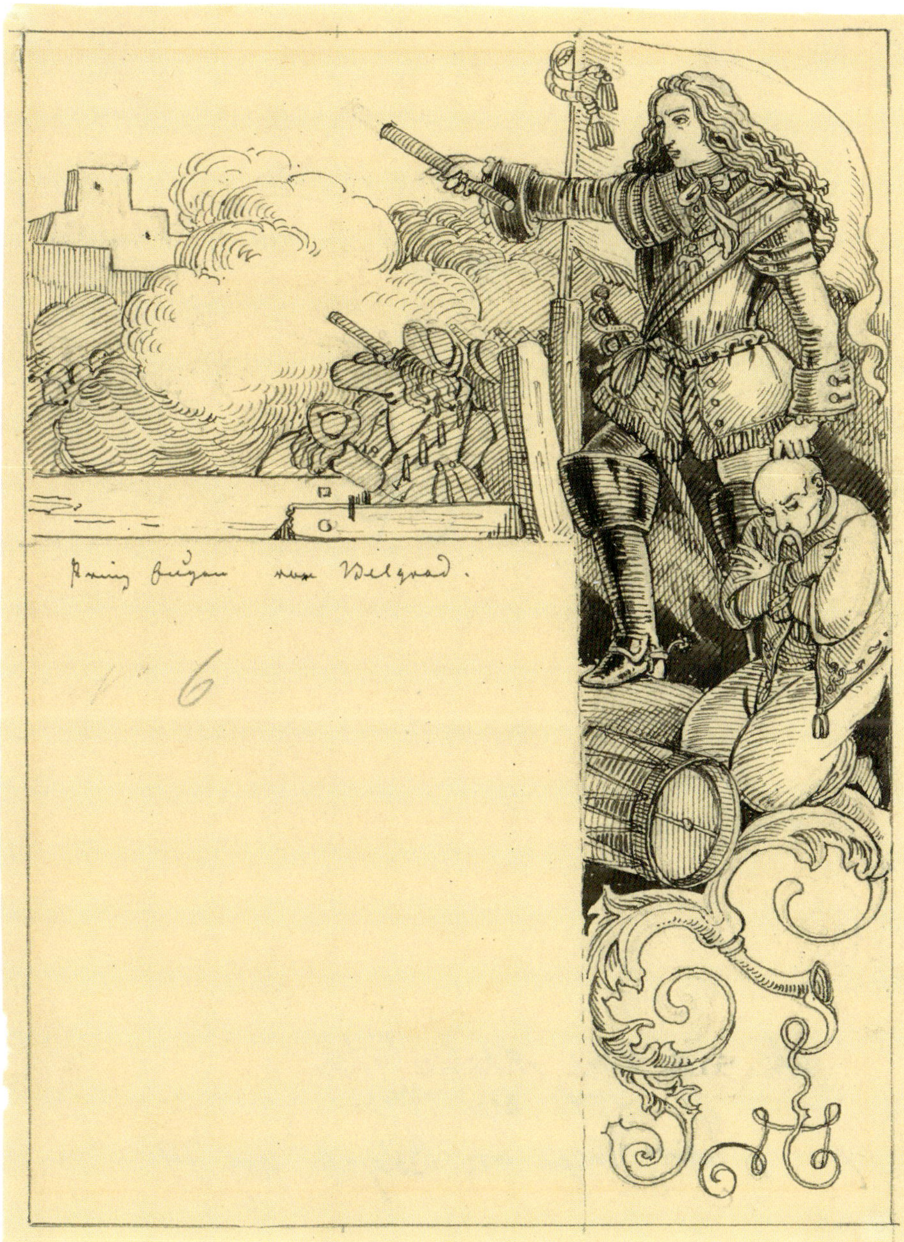

50 Prinz Eugen vor Belgrad, um 1842, Kat.-Nr. 1

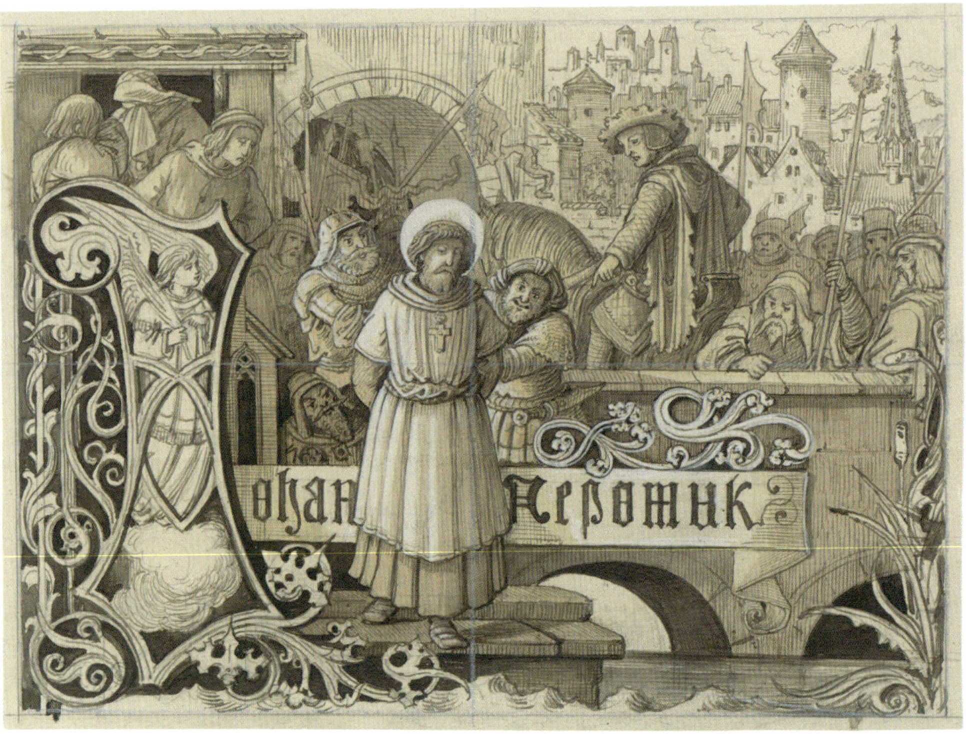

51 Martyrium des Hl. Johann Nepomuk, Kat.-Nr. 112

Das Ende der Romantik

Poccis Märchenbilder konnten gelegentlich politische Hintergründe haben, wie zwei Beispiele mit Darstellungen Kaiser Friedrich Barbarossas (um 1122–1190) zeigen (Abb. 52 und 53). Eine der vielen Legenden, die mit dem mittelalterlichen Herrscher verbunden werden, besagt in allerlei Abwandlungen der Details, dass er im höhlenreichen Untersberg bei Salzburg schlafe und von zwergenähnlichen Gestalten, den »Untersberger Mandln«, umsorgt werde. Er sitze an einem steinernen Tisch, durch den über die Jahrhunderte sein Bart gewachsen sei, und wenn er erwache, trete er die Regentschaft an und das Ende der Welt sei nahe. In anderen Versionen wurde mit seiner Wiederkehr die Hoffnung auf einen Friedenskaiser verbunden, womit wir zu dem Grund kommen, warum Pocci im Jahre 1859 an diese Legende dachte.

Nachdem im Revolutionsjahr 1848 keine politische Einigung des zersplitterten und seit der Niederlegung der Kaiserkrone 1806 durch Franz II. von Habsburg (1768–1835) führungslosen Heiligen Römischen Reichs Deutscher Nation gelungen war, keimte die Hoffnung auf eine Art Wiedervereinigung in den 1850er Jahren immer wieder auf. 1859 war das Kaiserreich Österreich durch den verlorenen Krieg gegen Sardinien-Piemont geschwächt und als Folge dieses Krieges zeichnete sich eine Vereinigung Italiens ab. Dies ließ auch die deutsche Nationalbewegung wieder Hoffnung schöpfen. Zugleich bildete sich eine Opposition von deutschen Klein- und Mittelstaaten, die dem Königreich Preußen nicht die Vorherrschaft überlassen wollten. Der sächsische Außenminister Friedrich von Beust (1813–1889) berief daher zum 23. November 1859 eine Konferenz in Würzburg ein, zu der Bayern, Württemberg, Sachsen, Nord- und Südhessen sowie einige Kleinstaaten erschienen. Diese Konferenz scheint die Hoffnung Poccis beflügelt zu haben, dass das Jahr 1859 mit einer Einigung enden würde. »Auf, auf! Hört ihr's im Untersberg? / Auf, auf! In's Heerhorn stößt der Zwerg. / Der alte Kaiser ist erwacht, / Und ruft euch aus des Schlafes Nacht!«, steht auf dem Spruchband bekräftigend. Das Blatt ist mit unterschiedlichen Farben und Weißhöhung sorgfältig durchgearbeitet. Ist es die reduzierte Farbigkeit oder sind es die hintereinander gestaffelten Raumschichten, die einen eher an eine Bühneninszenierung erinnern denn an Poccis naturalistische Märchenwelten? Der Künstler konnte für das Bild auf eine Idee aus dem Jahr 1840 zurückgreifen (Abb. 54), eine Radierung, die er zumindest in einem Exemplar mit Aquarellfarbe koloriert hatte, sodass sie in ihrer Erscheinung dem Bild von 1859 sehr nahe kommt. Sie zeigt, wie die »Mandln« ihrem Kaiser voranziehend in die Höhle des Unterbergs marschieren. Barbarossa ist im Hintergrund hoch zu Ross nur schemenhaft zu erkennen. Der Zug der Zwerge erinnert wiederum an die Gestalten des *Zwergenkönigs mit Gefolge* (Abb. 36).

Im folgenden Jahr, 1860, schuf Pocci ein zweites Blatt mit nahezu gleichem Bildausschnitt (Abb. 53). Doch nun ist anstelle des quirligen Treibens eines Aufbruchs wieder Ruhe eingekehrt im Untersberg. Barbarossa sitzt melancholisch am

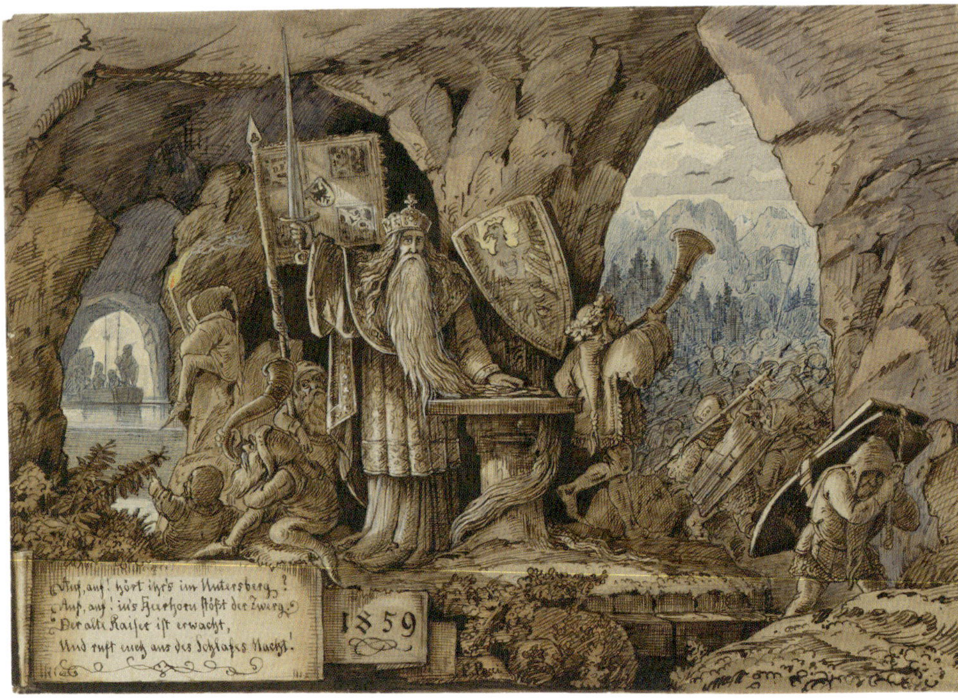

52 Kaiser Barbarossa erwacht, 1859, Kat.-Nr. 79

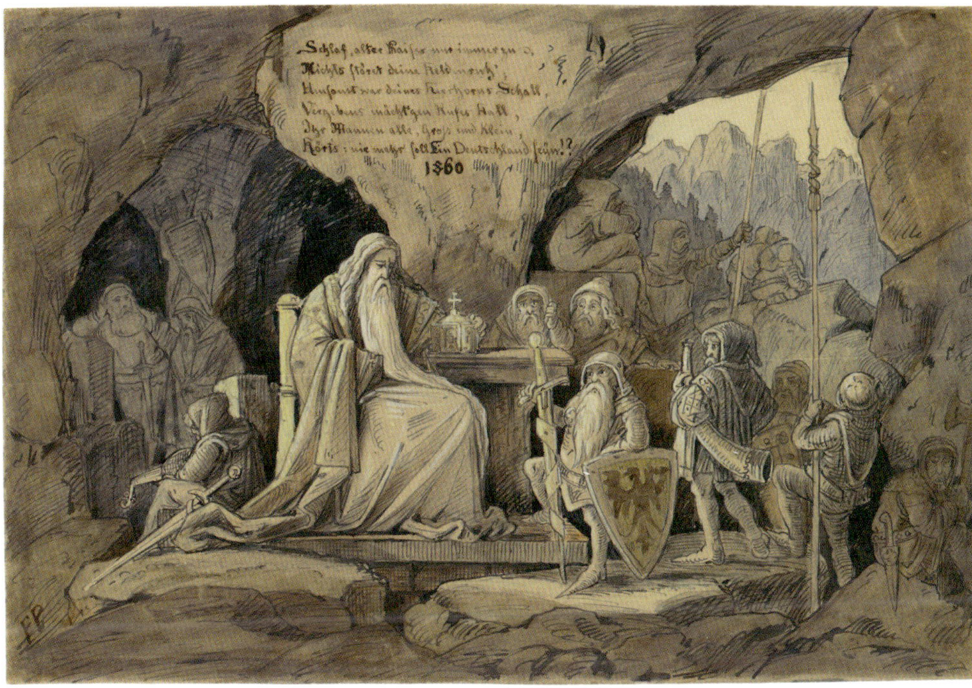

53 Kaiser Barbarossa fällt wieder in Schlaf, 1860, Kat.-Nr. 80

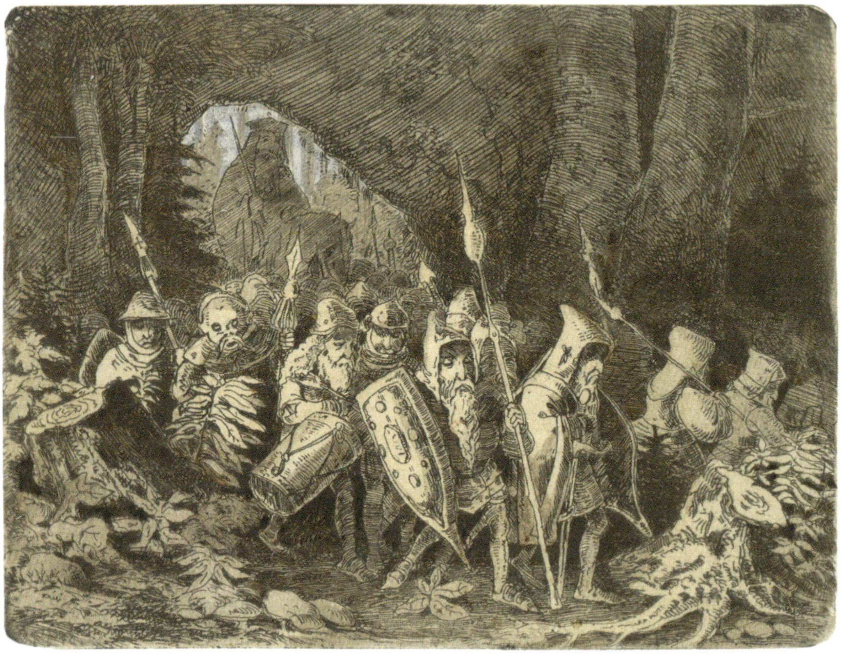

54 Kaiser Karls [sic] Rückkehr in den Untersberg, 1840, Kat.-Nr. 119

Tisch und sinniert über seine Kaiserkrone, die er wieder abgesetzt hat. »Schlaf, alter Kaiser nur immer zu, / Nichts störet deine Heldenruh', / Umsonst war deines Heerhorns Schall, / Vergebens mächt'gen Rufes Hall, / Ihr Mannen alle, Groß und Klein, / hört's: nie mehr soll ein Deutschland seyn!?« 1860 trafen sich dieselben Protagonisten erneut in Würzburg, aber man verhandelte nur noch über marginale Details wie eine Reform der Organisation eines gemeinsamen Heeres. Von einer wirklichen politischen Reform des Deutschen Bundes war nicht mehr die Rede. Poccis Resignation fand ihre Bestätigung in den folgenden Jahren, in denen weitere Treffen in Würzburg nur noch im Taktieren endeten.

Pocci ist nicht als politischer Künstler in Erscheinung getreten, was angesichts seiner Hofämter nicht weiter verwunderlich ist. Mit diesen Bildern hat er aber seine politisch ambitioniertesten Werke geschaffen, wenn man von einigen Karikaturen absieht. Die sorgfältige Durchführung lässt vermuten, dass er beide Blätter doch für eine Publikation – zum Beispiel als Holzstich für die *Fliegenden Blätter* – geplant hatte. Dazu kam es aber nicht, vielleicht, weil es ihm in seiner Position doch zu gewagt war, ein eindeutig politisches Statement abzugeben, vielleicht, weil er die Zensur nicht provozieren wollte.

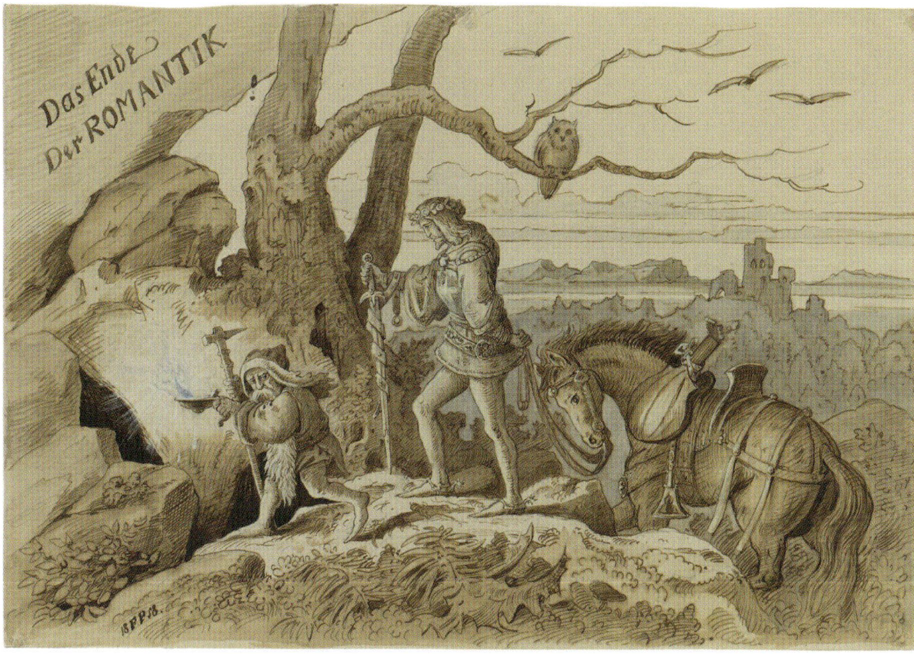

55 Das Ende der Romantik, 1858, Kat.-Nr. 81

Poccis Grundstimmung scheint in diesen Jahren grundsätzlich melancholisch gewesen zu sein, wenn man sich das Bild *Das Ende der Romantik* aus dem Jahr 1858 ansieht (Abb. 55). Der alt gewordene Sänger des Mittelalters steigt müde zum Eingang einer Höhle, zu der ihm ein Gnom den Weg weist. Es wirkt, als wolle er zu Barbarossa, um ebenfalls für die nächsten Jahrhunderte dahinzudämmern. Der Blick in die Landschaft bietet noch einmal alles Pittoreske von Poccis märchenhaften Ideallandschaften, aber jetzt hat der Herbst Einzug gehalten, die Burg ist eine Ruine und die Eule, die über dem Sänger auf einem Ast sitzt, steht wohl für die negativen Seiten, die dem Vogel angedichtet werden, Vergänglichkeit und Tod. Dazu passt es, dass der Abend dämmert, was Pocci trotz der Reduktion der Farbigkeit, meisterhaft zu vermitteln versteht, obwohl er nur sparsame Schatten setzte, aber die Kerze des Zwergs lässt er so hell strahlen. Für das Ende der Epoche der Romantik ist es 1858 allerdings schon ein bisschen spät. Es scheint, als nähme der Künstler – damals selbst Anfang 50 – Abschied von den Träumereien seiner Jugend, von der Ritterromantik und von den Versuchen, vergangene Zeiten zum Leben zu erwecken.[15]

Der Spötter

Pocci, der typische Vertreter der Romantik, der sich mit großem Ernst für die Rekonstruktion des Mittelalters interessierte und die Märchen- und Mythenwelten liebte, war zugleich durch und durch ein Spötter. In seiner Kindheit war noch die Antikenrezeption des Klassizismus tonangebend gewesen und Poccis künstlerische Orientierung zum deutschen Spätmittelalter war eine deutliche Opposition dazu. Unter dem ersten Direktor der Münchner Akademie der bildenden Künste, Johann Peter von Langer (1756–1824), war diese Stilrichtung in München dominierend und fand ihren nahtlosen Übergang in der linienbetonten Kunst seines Nachfolgers Peter von Cornelius (1783–1867). Pocci hingegen war die Antike in seiner – außerakademischen – Ausbildungszeit fern und blieb es auch später. Dies passt zu seiner künstlerischen Haltung, dass er sich nicht an der Landschaft und der Kunst Italiens – etwa eines Raffael – orientierte, sondern der deutschen Geschichte und Kunstgeschichte verbunden fühlte.[16] Antike und Antikenbegeisterung erscheinen in seinem Werk daher nur als Ziele seines Spottes und Stoff seiner Karikaturen. Selbst, als der Klassizismus und sein Nachwirken Geschichte waren, ließ er es sich nicht nehmen, einem ihrer Vertreter, dem zu spätem Erfolg gelangten Maler Bonaventura Genelli (1798–1868), eine Nase zu drehen, als dieser endlich Aufträge vom Kunstsammler Adolf Friedrich Graf von Schack (1815–1894) erhielt, der seit 1856 in München eine bedeutende Privatsammlung zeitgenössischer Kunst aufbaute. Pocci schuf 1866/67 einen ganzen Zyklus von karikierenden Paraphrasen auf Genellis Kunst und schloss diesen mit dem Bild einer Orgie in antikisierendem Stil ab (Abb. 56), zu der er in der Widmung des Zyklus schrieb: »die Orgie ist Skizze zu einem / Gemälde für die Schack'sche / Gallerie«.[17] Nichts war Schack wie Genelli fremder als Orgien.

Schon in den Jahren zuvor war Genelli zum Ziel von Poccis Spott geworden (Abb. 57). Auf dem Blatt *Der alte Lyriker und der junge Goethe* ist die Darstellung in der Art eines antiken Reliefs beschriftet und darunter noch erklärt: »Dichtergruppe, von Genelli entworfen, mit ganz neuen antiken Stellungen und Muskeln.« Die Nummerierung des Blattes links oben verweist auf dessen Herkunft aus einem der Alben der Herrengesellschaft *Altengland*. Erst die Kennzeichnungen der Dargestellten als »Heyse« und »Geibel«, erklärt, dass sich Pocci nicht allein über Genelli, sondern noch viel mehr über zwei der »Nordlichter« – wie sie in München spöttisch genannt wurden – lustig machte, die von König Max II. (1811–1864) nach München geholt worden waren.

Emanuel Geibel (1815–1884), aus Lübeck stammend und 1852–1868 in München lebend, war ein in seiner Zeit hoch geschätzter Lyriker, dessen Gedichte vielfach vertont wurden. Während er selbst heute völlig vergessen ist, überlebten Lieder wie »Der Mai ist gekommen« und Verse, die zu Schlagworten wurden, wie »Und es mag am deutschen Wesen / einmal noch die Welt genesen«. Geibel nutzte

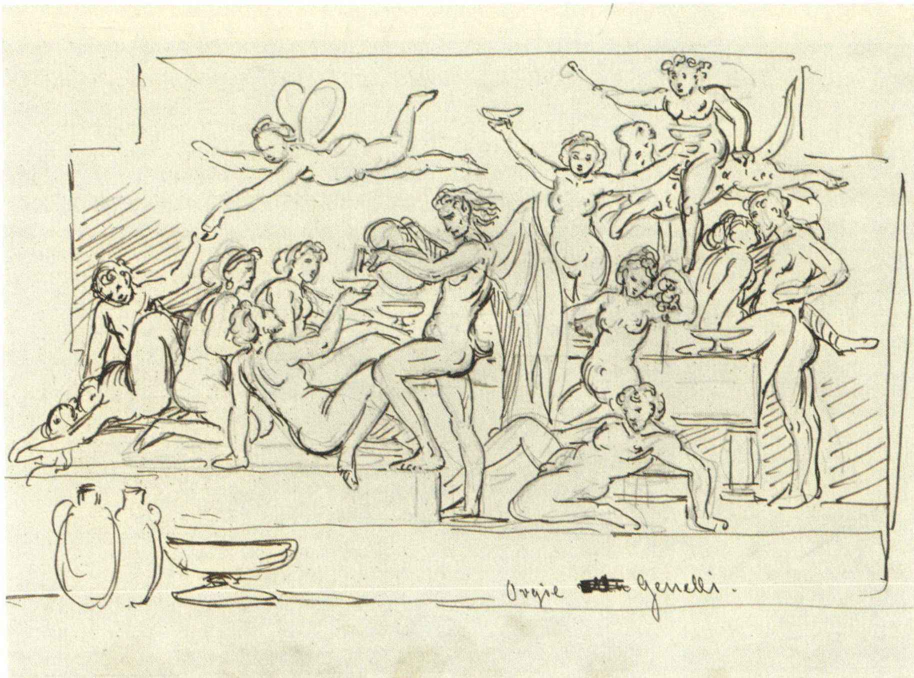

56 Orgie à la Genelli, um 1867, Kat.-Nr. 98

seine Popularität, um junge Kollegen zu fördern, so auch Paul Heyse (1830–1914), der 1854 nach München kam. Der Bezug auf Goethe in der Beschriftung soll wohl das ausgeprägte Selbstbewusstsein auf die Schippe nehmen, mit dem Geibel und vor allem der jugendlich geniale Heyse gegenüber den Münchnern anscheinend auftraten. Poccis Spott teilte also in alle Richtungen aus und traf nicht zuletzt die Kulturpolitik seines aktuellen Dienstherrn.

Dass er sich immer wieder als kritischer Beobachter der höfischen Gesellschaft erweist, in deren Zentrum er Kraft seiner Ämter stand – und nicht etwa an deren Rande –, das zeigt seine ab 1845 erscheinende Serie in den *Fliegenden Blättern* über den »Staatshämorrhoidarius«, die 1857 auch als Buch erschien und in der er sich über den typischen Beamten lustig machte. Auch das Spottbild auf den 8. Februar 1848 ist ein Beispiel für seine kritische Haltung (Abb. 58). Ein konkretes Ereignis ist für diesen Tag nicht überliefert, aber es handelt sich um den Vorabend der Unruhen, die in den folgenden Tagen von den Münchner Studenten ausgingen. Sie richteten sich gegen die Mätresse von König Ludwig I., die irische Tänzerin Elizabeth Rosanna Gilbert, alias Lola Montez, alias Gräfin Marie von Landsfeld (1821–1861), und führten zur Schließung der Universität. Dies wiederum rief breiten Protest in der Münchner Bevölkerung hervor, sodass die von

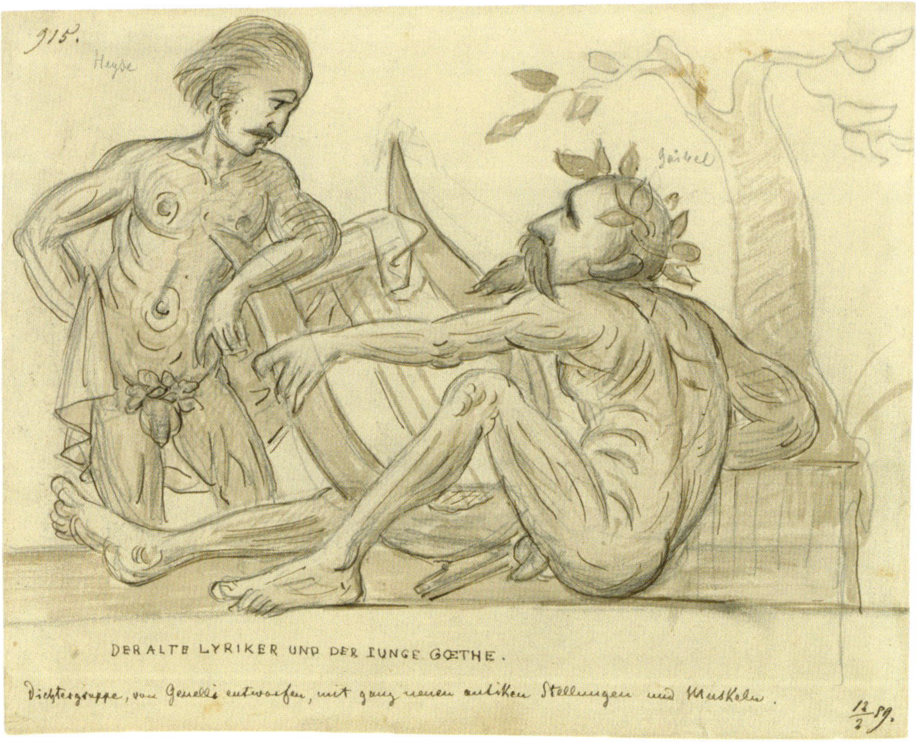

57 Der alte Lyriker und der junge Goethe, Kat.-Nr. 25

Ludwig I. angeordnete Maßnahme revidiert werden musste und Lola Montez angesichts der aggressiven Stimmung ins Ausland floh. Es ist umstritten, ob das Gerücht, Lola Montez sei zurückgekehrt, im März 1848 die Unruhen erneut anfachte und den König zur Abdankung zwangen oder ob es nicht doch die allgemeine Unzufriedenheit über den selbstherrlichen Regierungsstil Ludwigs war, die im Zuge der deutschlandweiten Unruhen in diesem März das Königshaus zwang, Konsequenzen zu ziehen.

In Poccis Bild sind einige Mitglieder *Altenglands* dargestellt. Als zweiter von links ist der Künstler selbst zu erkennen, neben ihm der Ministerialrat im Finanzministerium, Johann von Graf (1798–1882), zweiter von rechts Franz Hanfstaengl und ganz rechts Franz von Kobell. Sie tragen eine Marmorbüste, in deren fast schon derben Züge nur anhand der markanten Nase und vor allem der dominanten Locken, Lola Montez zu erkennen ist. Ein Verehrer der ungewöhnlich emanzipiert auftretenden, südländisch wirkenden Schönheit, die bis heute in Ludwigs Schönheitengalerie verewigt hängt, ist Pocci demnach nicht gewesen. Der Triumphzug, mit dem der Hofstaat die scheinbar Verehrte nach Hause führt, wird so eher zur spöttischen Schaustellung.

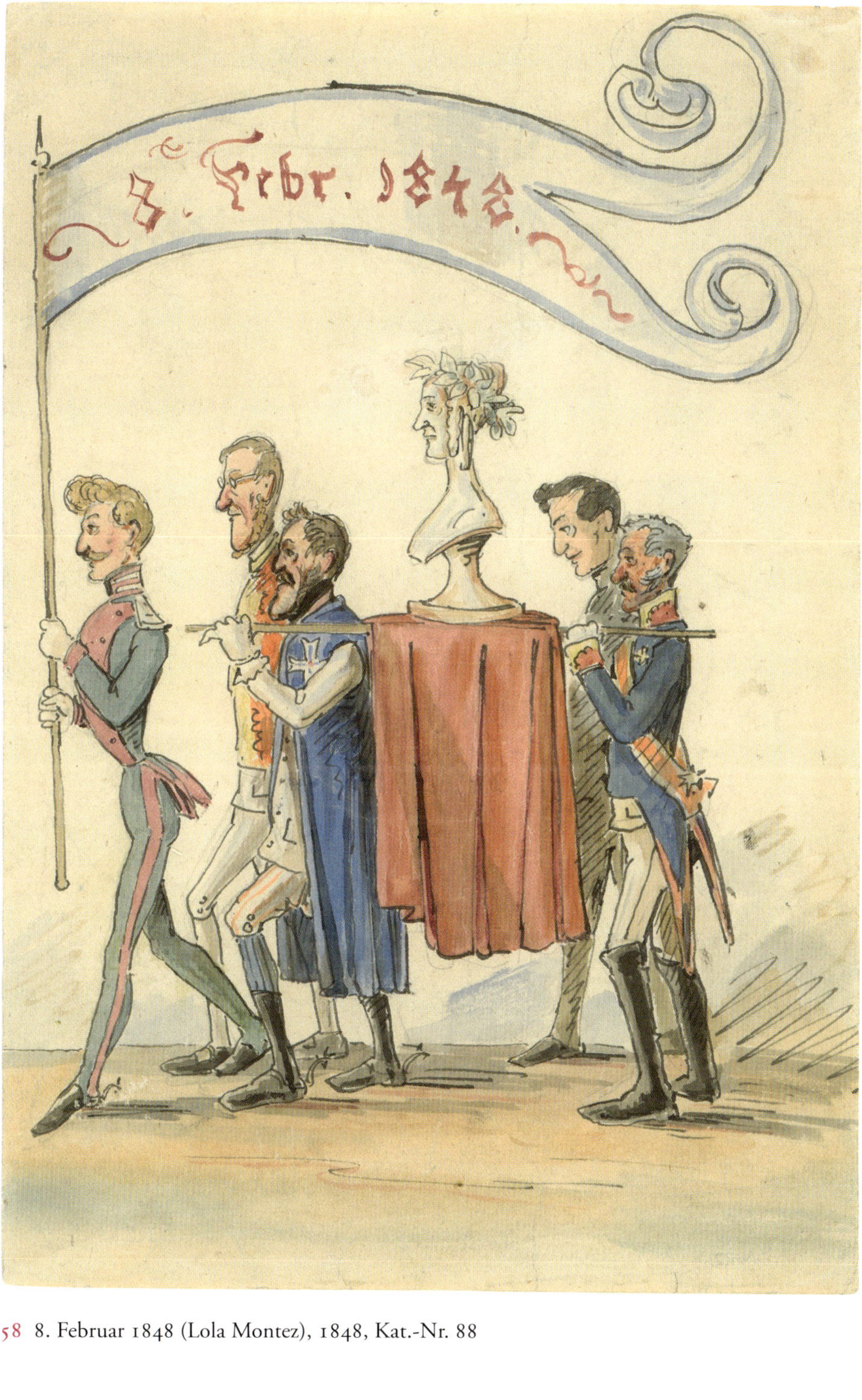

58 8. Februar 1848 (Lola Montez), 1848, Kat.-Nr. 88

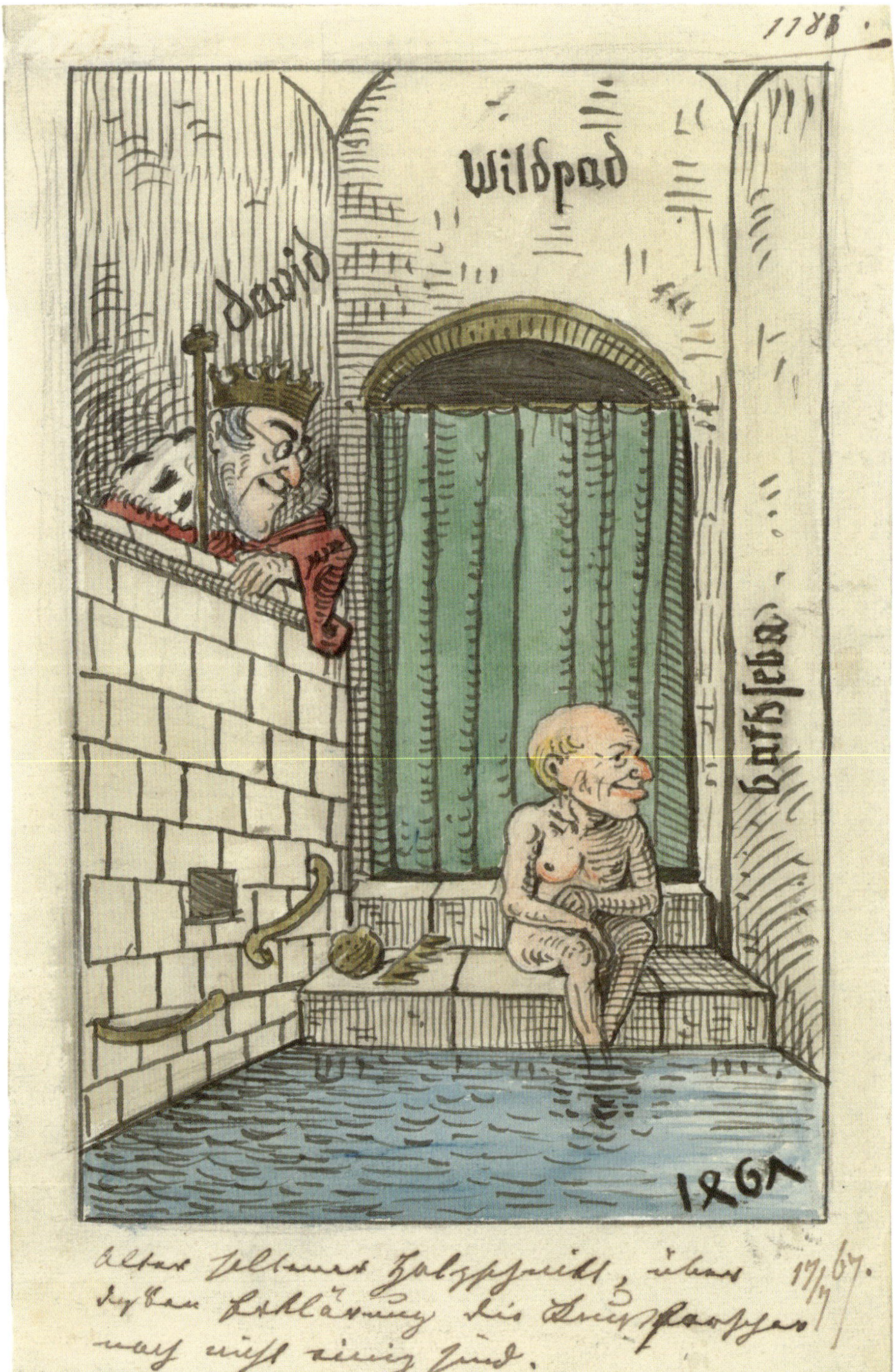

59 David und Bathseba im »Wildpad«, 1867, Kat.-Nr. 65

So tagesaktuell waren aber die wenigsten Karikaturen Poccis. In der Regel handelte es sich um Bilder seiner Kollegen aus den Trinkbruderschaften *Altengland* oder der *Zwanglosen*, die er regelmäßig zu den alljährlichen Treffen in immer wieder neuen Konstellationen darstellte. So steckte er 1867 etwa zwei *Altengland*-Vertreter, Johann Baptist von Graf (1798–1882) und Johann Nepomuk von Sutner (1798–1884), in die alttestamentliche Rolle von David und Bathseba in einem »Wildpad«. Man kann bei diesem Begriff an Wildbad Kreuth denken, eine Besitzung der Wittelsbacher, die in dieser Zeit an Karl Theodor in Bayern (1839–1909) überging, der Mitglied von *Altengland* war (Abb. 59). Anscheinend hatte die Gesellschaft in diesem Jahr einen gemeinsamen Ausflug in ein Kurbad unternommen.[18] Im vorliegenden Falle spielte der Künstler mit der Anmutung eines Holzschnitts der Zeit um 1500 – oder wie die Beschriftung sagt: »alter seltener Holzschnitt, über dessen Erklärung die Kunstforscher noch nicht einig sind«. In der Tat sind die Hintergründe der internen Scherze der Altherrengesellschaften heute oft nicht mehr zu entschlüsseln.

Immer wieder scheinen sie auf ganz konkrete Ereignisse anzuspielen, wie bei dem *Wasserkünstler auf der Roseninsel* (Abb. 60). In der Art eines Marterls, eines volkstümlichen Bildstocks, wird ein Unglück »gemalt zu andächtiger Gedächtnis Jacob Martlhuber Maler und Anstreicher in Feldafing 2. Juli 1874« geschildert. Anscheinend waren einige Mitglieder von *Altengland* – wie die Nummerierung zeigt, stammt das Blatt aus einem von deren Alben – bei der Überfahrt von Feldafing auf die Roseninsel ins Wasser gefallen, noch bevor der Fährmann das Boot besteigen konnte. Die Roseninsel war zu dieser Zeit ein gerade erst neu errichtetes Refugium im Besitz des Königshauses. Da die Mitglieder von *Altengland* die besten Beziehungen hatten, muss es sich um einen sommerlichen Ausflug der Herrengesellschaft gehandelt haben.

Poccis Karikaturen konnten daneben kleine Einfälle zu privaten Ereignissen sein, wie der Glückwunsch an Otto Wilhelm Graf von Quadt zu Wykradt und Isny (1817–1899) zur Geburt seines vierten Kindes (Abb. 61), das im Bild gleich noch in die Familienkutsche mit eingespannt wurde. Wie bei seinen Landschaften und Burgen verdichtete Pocci hier mit ebenso sicherer wie schnell gesetzter Feder eine darunter liegende erste lockere Bleistiftskizze zu einem kleinen Bild – einem Scherzbild.

Zahlreiche Karikaturen stellen Einzelpersonen dar, mit denen Pocci im Rahmen der Hofgesellschaft oder der Herrengesellschaften zu tun hatte. So porträtierte er wohl für die *Zwanglosen* den vielseitigen Naturwissenschaftler Karl Emil von Schafhäutl (1803–1890), Mitglied der Bayerischen Akademie der Wissenschaften, als Chemiker, dem es gelingt, in seinem Destillationskolben aus den Pfeifendämpfen Franz von Kobells Champagner zu gewinnen (Abb. 62). Nicht umsonst erinnern die Pose des Dargestellten und die Komposition in Form einer Bildtafel an eine Moritatenmalerei, wie sie auf Jahrmärkten besungen wurden.

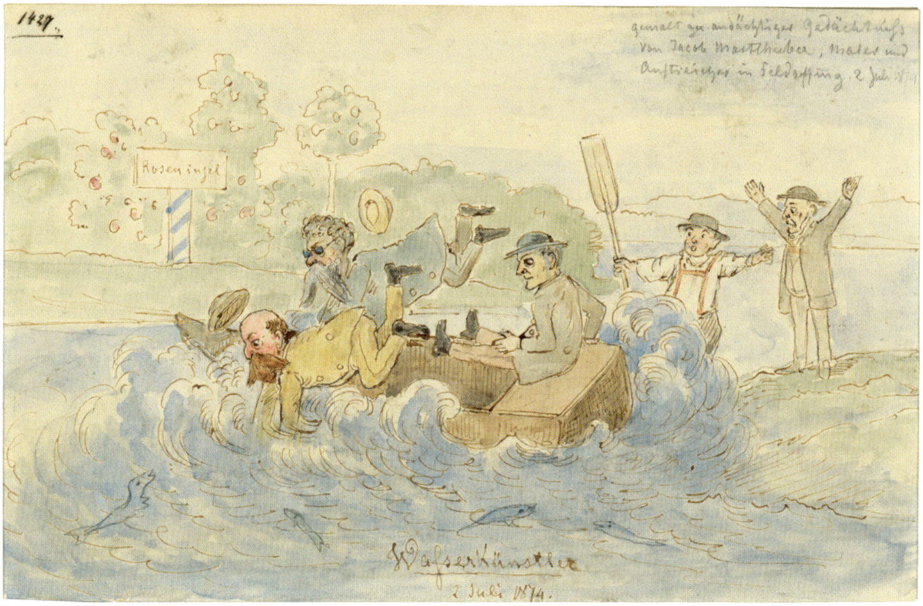

60 Wasserkünstler auf der Roseninsel, 1874, Kat.-Nr. 29

Pocci hatte großes Geschick, mit wenigen Strichen seine Zeitgenossen karikierend darzustellen. In Bleistiftskizzen eignete er sich deren Charakteristika an, sodass sie später in seinen meist farbig ausgeführten Karikaturen leichte Beute seines zeichnerisch geübten Spottes wurden. In einem Heft im Pocci-Nachlass der Bayerischen Staatsbibliothek sammelte er zum Beispiel kleine Bleistiftskizzen, meist Ausschnitte aus größeren Bögen, mit Köpfen der Mitglieder von *Altengland*,[19] die er – was die Blickrichtungen der Dargestellten nahelegt – sicherlich direkt und unbemerkt bei gemeinsamen Treffen angefertigt hatte. Dergleichen Skizzen erlaubten es ihm in seinen kleinen Moritatenbildern, die Freunde mit wenigen Federstrichen trotz karikierender Übertreibung wiedererkennbar darzustellen.

In einer Kanzleikladde überdauerte ein ganzes Bündel von Bleistiftzeichnungen, das wie ein »Who is Who« der bayerischen Hof- und Ministerialengesellschaft wirkt.[20] Dankenswerterweise hat der Künstler selbst die Namen der Dargestellten festgehalten, sodass wir heute die unterschiedlichen Herren identifizieren können. Doch die Derbheit mancher Darstellungen legte die Vermutung nahe, dass diese Blätter für keinerlei Öffentlichkeit gedacht waren. Ein Baron Pöllnitz wird noch vergleichsweise harmlos als Schafkopfkarte »Eichelober«, wie das Blatt beschriftet ist, dargestellt (Abb. 63). »B. Mirbach« (Abb. 64), wahrscheinlich der Finanzbeamte Alfons Baron von Mirbach (1812–1885), ist mit seinem Baströckchen und den Hauspantoffeln eine Figur, die zwischen lächerlich und spleenig schwankt.

»Gf Reigersberg« (Abb. 65), wohl der Verwaltungsjurist und Botschafter August Lothar Graf von Reigersberg (1815 –1888), scheint eine elegante, aber etwas teuflisch wirkende Person gewesen zu sein. Ob es sich bei der schüchtern und etwas insektenhaft wirkenden Erscheinung mit der Beschriftung »Gf Lerchenfeld« (Abb. 66) um den jugendlichen Graf Hugo von und zu Lerchenfeld auf Köfering und Schönberg (1843–1925) handeln kann, muss fraglich bleiben. Im Vergleich zum »Gf Vieregg« (Abb. 67) ist er noch nett getroffen. Bei diesem muss es sich wohl um einen Spross des kurpfalzbayerischen Generalmajors Friedrich Graf von Vieregg (1752–1843), Hofmarksherr zu Tutzing, handeln, der sich in Unterwäsche dastehend anscheinend in eine »Bräupfanne« erleichtert, sodass es heftig dampft. Sehr boshaft ist die Darstellung des Dichters Franz Freiherr von Dingelstedt (1814–1881), der 1851–56 Intendant des Münchner Hoftheaters war (Abb. 68), und seiner Frau, der österreichischen Sopranistin Jenny Lutzer (1816–1877). Dingelstedt, ein liberaler Geist der Vormärzbewegung, wurde in München nicht recht heimisch, galt als überheblich und lag mit dem Musikintendanten Pocci in andauerndem Konflikt, da Theater und Oper im selben Haus gespielt wurden. Er wurde wegen der während seiner Intendanz entstandenen Defizite entlassen und ging nach Weimar, ehe er am Wiener Burgtheater seine bedeutendste Stelle bekam. Während Pocci ihn als blasiert, distanzierten Typ darstellt, kühlt er sein Mütchen an der wohl zu fülliger Leiblichkeit neigenden »Gemahlin« auf ätzend-geschmacklose Weise. Poccis Spott war durchaus nicht immer so harmlos-freundlich, wie es ihm seit jeher nachgesagt wird.[21]

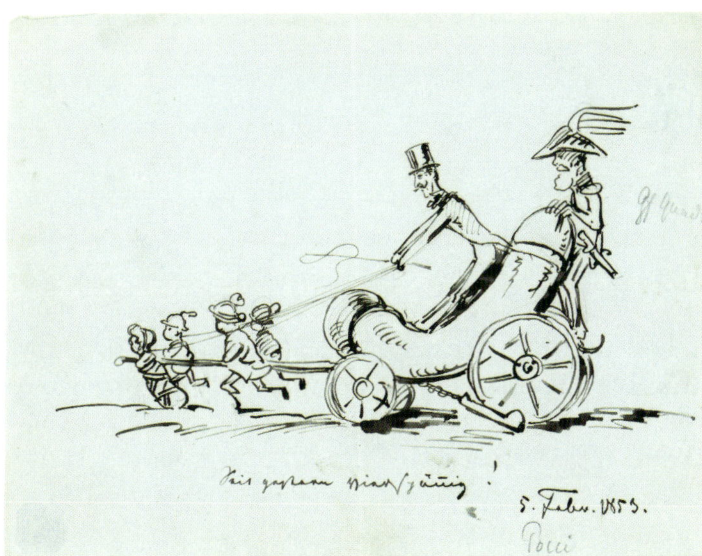

61 Seit gestern vierspännig!, 1853, Kat.-Nr. 40

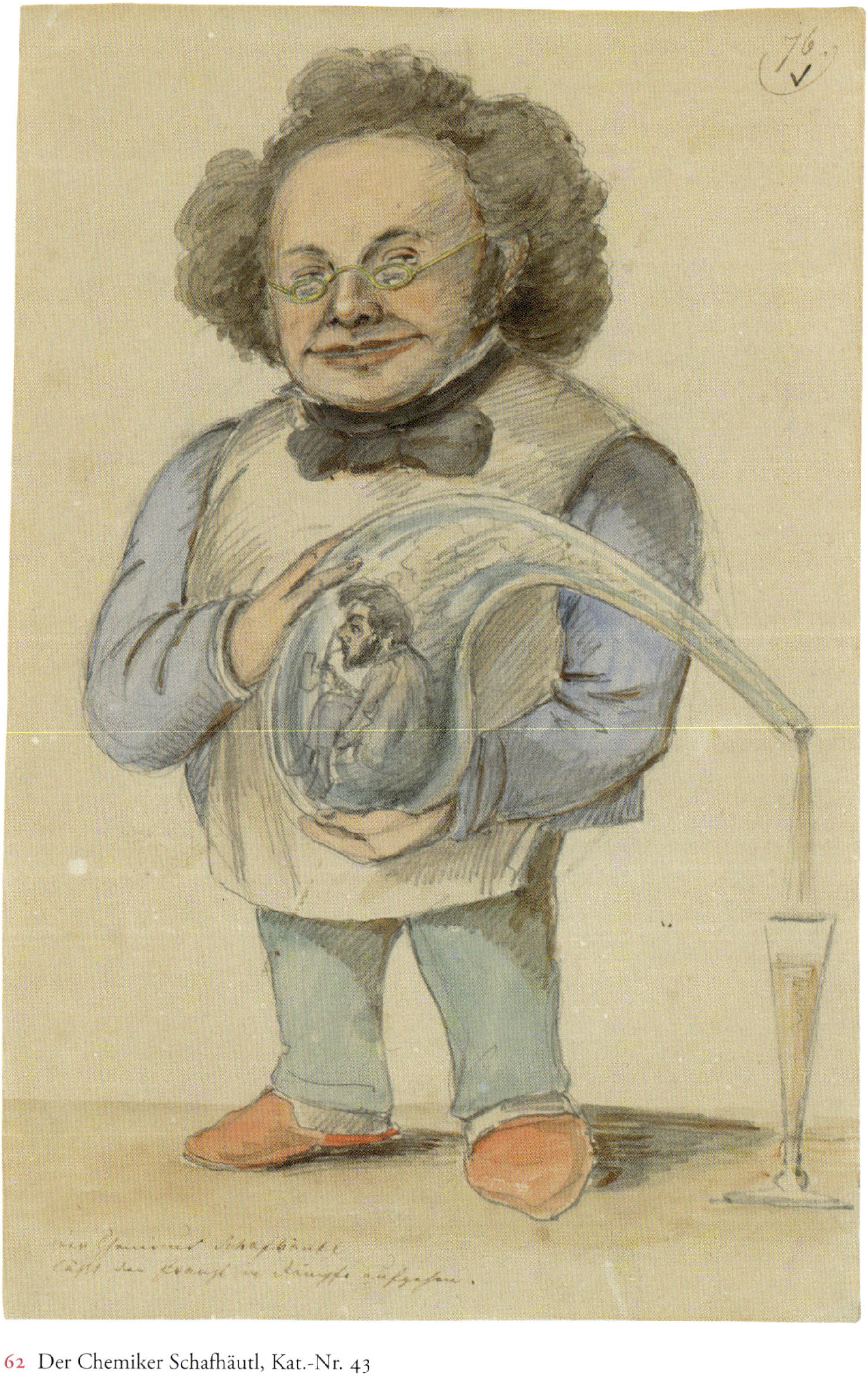

62 Der Chemiker Schafhäutl, Kat.-Nr. 43

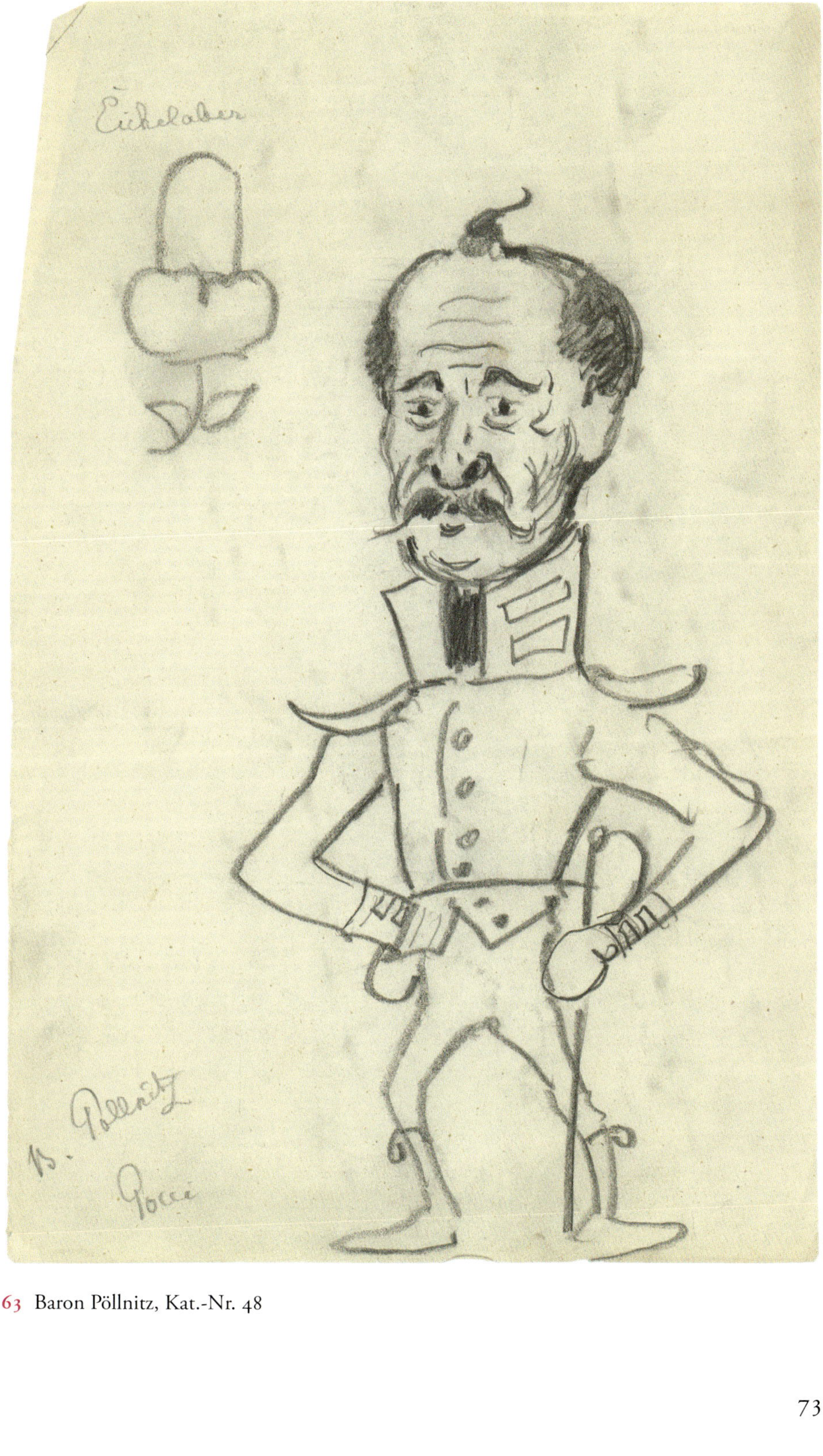

63 Baron Pöllnitz, Kat.-Nr. 48

Der Künstler Pocci

Wenn es um den Künstler Pocci geht, steht heute der Karikaturist im Vordergrund, da diese Bilder den Einblick eines Insiders in die Gesellschaft und das Kulturleben seiner Zeit bieten. Auch eines der wenigen seine Kunst betreffenden Selbstzeugnisse Poccis vermittelt den Eindruck, dass die Karikatur ihm selbst der Hauptantrieb seiner künstlerischen Tätigkeit war. Er berichtet über seine Kindheit: »Als ich noch ein kleiner Bub war und wie alle Kinder mit Stift oder Feder viel Papier verschmierte, wollten daran die Freunde und Bekannten meiner Eltern – vermutlich um diesen ihre Zuneigung zu beweisen – erkennen, es sei meiner Complexion ein absonderliches Talent anhängig, die menschliche Gestalt in der besten Verzerrung zu Papier zu bringen. Waren auch solche Gutachten zunächst nur wohlwollende Äußerungen, so mussten sie dennoch auf kein unfruchtbares Erdreich gefallen sein, denn schon als ein etwa 12- bis 14jähriges Bürschlein gab ich den Abendgesellschaften meines älterlichen [sic] Hauses wöchentlich ein illustriertes humoristisches Blatt zum besten [sic], welches seiner lustigen Dreistigkeit wegen einige Zeit nach dessen Erscheinen von meinem Onkel, der ein sehr vernünftiger Mann war, in seiner ganzen Auflage mit beschlag belegt und verbrannt wurde mit der ernstlichen Vermahnung, ›ich hätte etwas gescheuteres [sic] zu tun, als dass ich – ein junger Schnabelweis – die Leute lächerlich mache‹. Das war gut, allein die natürliche Neigung läßt sich nicht unterdrücken und mit der Majorität und Selbständigkeit lief das Rößlein bald seinen freien Lauf und der Pasquillant war fertig, nachdem auch der gescheite und gute Onkel begraben war.«[22] Als Pasquillant, also Verfasser von Schmähschriften, charakterisierte sich Pocci zeitlebens gerne selbst.

Doch wenn man die gesamte Bandbreite seiner künstlerischen Arbeit betrachtet, muss man Pocci in erster Linie als einen der führenden Illustratoren in der deutschen Kunst des 19. Jahrhunderts bezeichnen. Neben Richter und Schwind hat er hier seine größte Popularität erreicht. Allerdings wird bei Richter wie bei Schwind deren Tätigkeit als Illustratoren in den letzten Jahrzehnten in den Hintergrund gedrängt, als wäre es etwas Peinliches, sich mit den ›niederen Künsten‹ der Textillustration und Bildergeschichte zu beschäftigen.

Poccis Rolle, die er als Ideengeber – wenn nicht gar Initiator – der *Fliegenden Blätter* und des *Münchener Bilderbogens* gespielt hat, müsste genauer untersucht werden. Seine Bildergeschichten, zumal die für den persönlichen Freundeskreis bestimmten, sind die ersten ihrer Art in der deutschen Kunst.[23] Ist es zu viel behauptet, wenn man sagt, dass der über eine Generation jüngere Wilhelm Busch (1832–1908) ohne Pocci kaum denkbar ist?

Der ›offizielle‹ Pocci der publizierten Illustrationen ist überwiegend von zarter Poesie und jugendfreiem Humor geprägt. Die Abgründe von Repression, körperlicher Gewalt und Sadismus, die sich bei Busch auftun und die uns heute noch als Spiegel des allgemein Menschlichen faszinieren können, findet man bei ihm nicht.

Um ein Gesellschaftskritiker zu werden wie ein Honoré Daumier (1808–1879) oder ein Grandville (eigentlich: Jean Ignace Isidore Gérard, 1803–1847), fehlte Pocci die Unabhängigkeit von der höfischen Gesellschaft und der Druck, dergleichen humoristische Ideen andauernd kommerziell nutzen zu müssen, um ein Auskommen zu haben. Pocci, der tagtäglich im engsten Kreis der Königsfamilie ein- und ausging – er kannte die Nachfolger von Ludwig I. von Kindesbeinen an –, war kein Freigeist. Hinzu kommt, dass in den deutschen Fürstentümern zu Poccis Lebzeiten die Zensur eine wesentlich unangefochtenere – oder besser verteidigte – Rolle spielte, als etwa in Frankreich, wo wiederholt ein Hauch demokratischer Freiheiten die Lust auf ein Ende der Monarchie am Leben erhielt. Mit anderen Worten, Pocci leistete sich an kritischen Freiheiten, was er sich leisten konnte.

Als Künstler wurzelt er in der Münchner Szene eines Johann Georg von Dillis, in der um 1800 eine von Konventionen befreite Landschaftsmalerei eine Chance bekam. Er fand schnell eine Heimat in der neuen Illustratorenkunst der 1830er Jahre und blieb diesem Genre bis zuletzt verbunden. Dies hat sicherlich nachhaltig seinen Ruf als liebenswerter, wenn nicht gar harmloser Künstler bereitet. Schaut man sich jedoch die Details seiner Bilderfindungen und seine Art, wie er sie erfindet, genauer an, kann man einen Künstler entdecken, dem es mit seinem gekonnt lockeren Strich an Phantasie und künstlerischer Freiheit in keiner Weise mangelte. Dies und seine Besessenheit vom Zeichnen, die sich zum Beispiel in seinen Burgenbildern spiegelt, macht ihn zu einer heute noch faszinierenden Künstlerpersönlichkeit. So mancher professionelle Kollege seiner Zeit hat kein umfangreicheres und vielschichtigeres Werk hinterlassen als dieser Hofbeamte und Graf, dem immer ein wenig anhängt, doch nur ein ›Hobbykünstler‹ gewesen zu sein.

1 Siehe: Pocci (Enkel) 1926, Pastor und die Werkausgabe im Allitera Verlag, München.

2 Die einzige belegte, von Dreyer 1907, S. 4, erwähnte Zeichnung, *Vue du château d'Aign* von 1812, ist jedoch beim Brand der Staatlichen Graphischen Sammlung München 1944 verloren gegangen.

3 Zitiert bei Pocci (Enkel), S. 12.

4 Holland 1890, S. 55.

5 Dies war nicht nur ein Privatvergnügen. Xaveria von Pocci stellte auch wiederholt im Münchner Kunstverein Ölgemälde aus, vgl. Holland, *Pocci als Dichter und Künstler*, S. 1.

6 Vgl. hierzu jüngst: Andreas Strobl, »Die Entdeckung Bayerns. Wege zu einer neuen Landschaftsmalerei seit Ende des 18. Jahrhunderts«, in: *Wald, Gebirg und Königstraum. Mythos Bayern*, Katalog zur Bayerischen Landesausstellung 2018 in der Benediktinerabtei Ettal, Augsburg 2018, S. 49–55.

7 Vgl.: *Franz Kobell. Ein Zeichner zwischen Idylle und Realismus*, Kat. Ausst. Staatliche Graphische Sammlung, München 2005.

8 Zum *Münchener Bilderbogen* gibt es bislang kaum Untersuchungen. Eine gute Einführung bietet eine Zusammenfassung der Bibliothek der Universität Regensburg vom 29.10.2013: https://www.uni-regensburg.de/bibliothek/bilderbogen/muenchener-bilder bogen/geschichte/index.html (zuletzt besucht am 30.09.2018).

9 Vgl. Busch und Kat. Frankfurt 2013, S. 24 ff.; dass Pocci das Faksimile Strixners gut kannte, darauf verweist schon Pocci (Enkel) 1926, Nr. 11, S. 20, angesichts des »Schnörkel- und Rankenwerks« zu den *Blumen-Liedern* von 1832.

10 Pocci (Enkel) 1926, Nr. 91.

11 Andere derartige Geschichten druckte Pocci – wohl für seinen Freundeskreis – als Lithographien, vgl. etwa *Erinnerungen an die Fahrt nach Oberammergau im Juni 1840*, Pocci (Enkel) 1926, Nr. 115.

12 *Alte und neue Soldaten Lieder.* Mit Bildern und Singweisen herausgegeben von F. Pocci und A. Jürgens, Leipzig: Mayer und Wigand 1842; Pocci (Enkel) 1926, Nr. 143 und 179.

13 Dies muss eine Vermutung bleiben, wie auch die Identifikation mit dem Künstler Anton Jürgens. Bislang wurde dem im Titel aufgeführten Coautor noch nicht genauer nachgeforscht.

14 Vgl. Peters.

15 1862 schuf er einen *Todtentanz in Bildern und Sprüchen* mit fulminanten Holzschnitten, Pocci (Enkel) 1926, Nr. 454.

16 Zum komplementären Paar der deutschen Kunst nach 1800 – personalisiert in Raffael und Dürer – s. jüngst: Vignau-Wilberg.

17 Der Zyklus mit 20 Zeichnungen, Inv.-Nr. 1913:207 Z – 227 Z, ist dem Architekten Ludwig Lange (1808–1868) gewidmet und wurde 1913 von dessen Sohn Emil von Lange (1841–1926) erworben.

18 Wolter, S. 39, bildet eine weitere ins selbe Jahr datierte Wildbadszene mit den beiden hier Beteiligten und weiteren Teilnehmern ab.

19 Bayerische Staatsbibliothek München, Abteilung Handschriften und Nachlässe, Pocciana 114 f.

20 Von den insgesamt 17 zum Teil beidseitig benutzten Blättern (Inv.-Nr. GVS 6021–37) – darunter die drei in der vorliegenden Publikation im Lebenslauf abgebildeten Selbstporträts (Abb. 1, 6 und 7) – werden hier nur sechs beispielhaft näher besprochen.

21 Schon Holland 1888, S. 338 behauptete: »sein Witz war nie giftig und ätzend«.

22 »Vorrede« der Altanglia-Alben, zitiert nach Bernhard, S. 604 f.

23 Z. B.: *Erinnerungen an die Fahrt nach Oberammergau im Juni 1840*, Folge von neun Lithographien, Pocci (Enkel) 1926, Nr. 115.

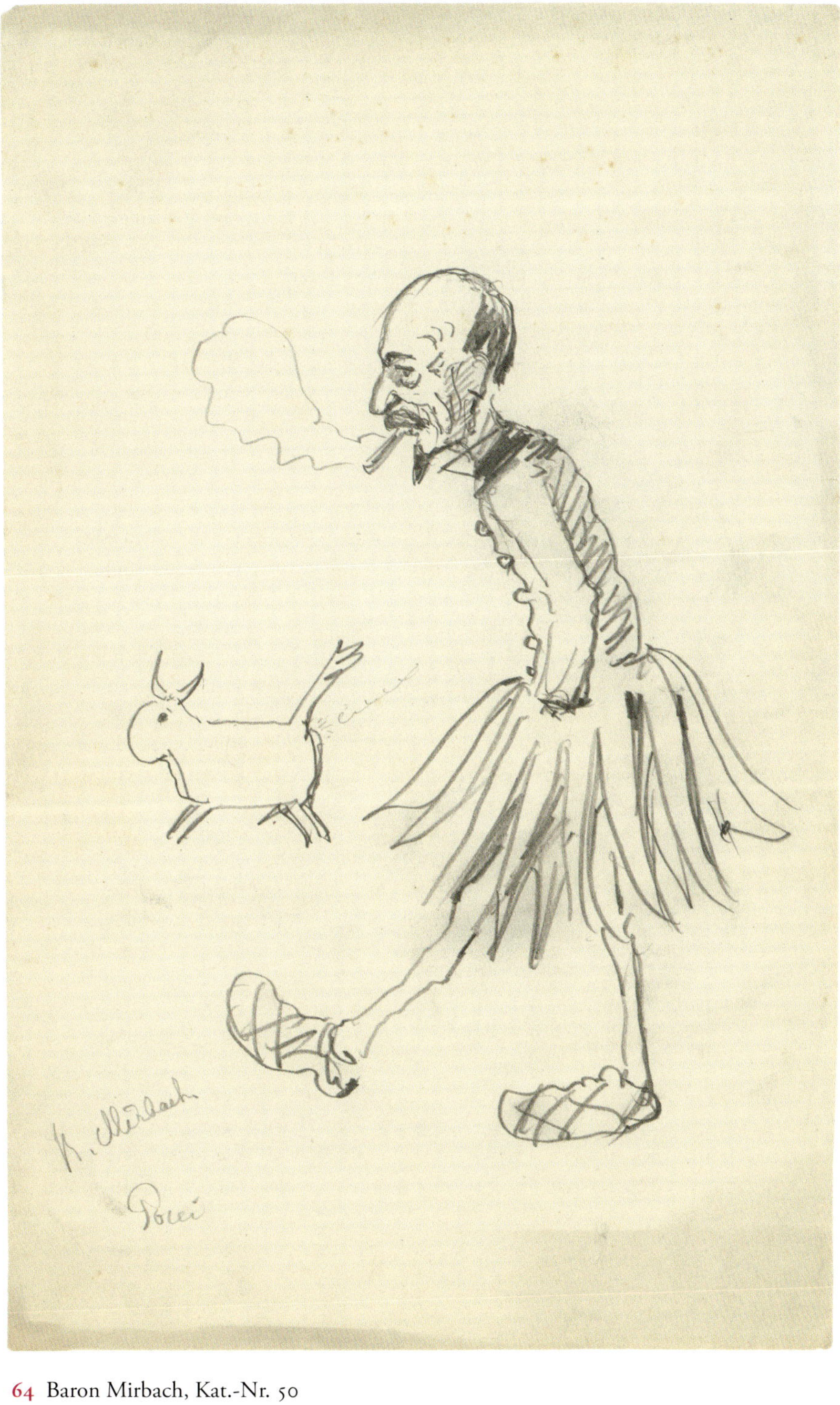

64 Baron Mirbach, Kat.-Nr. 50

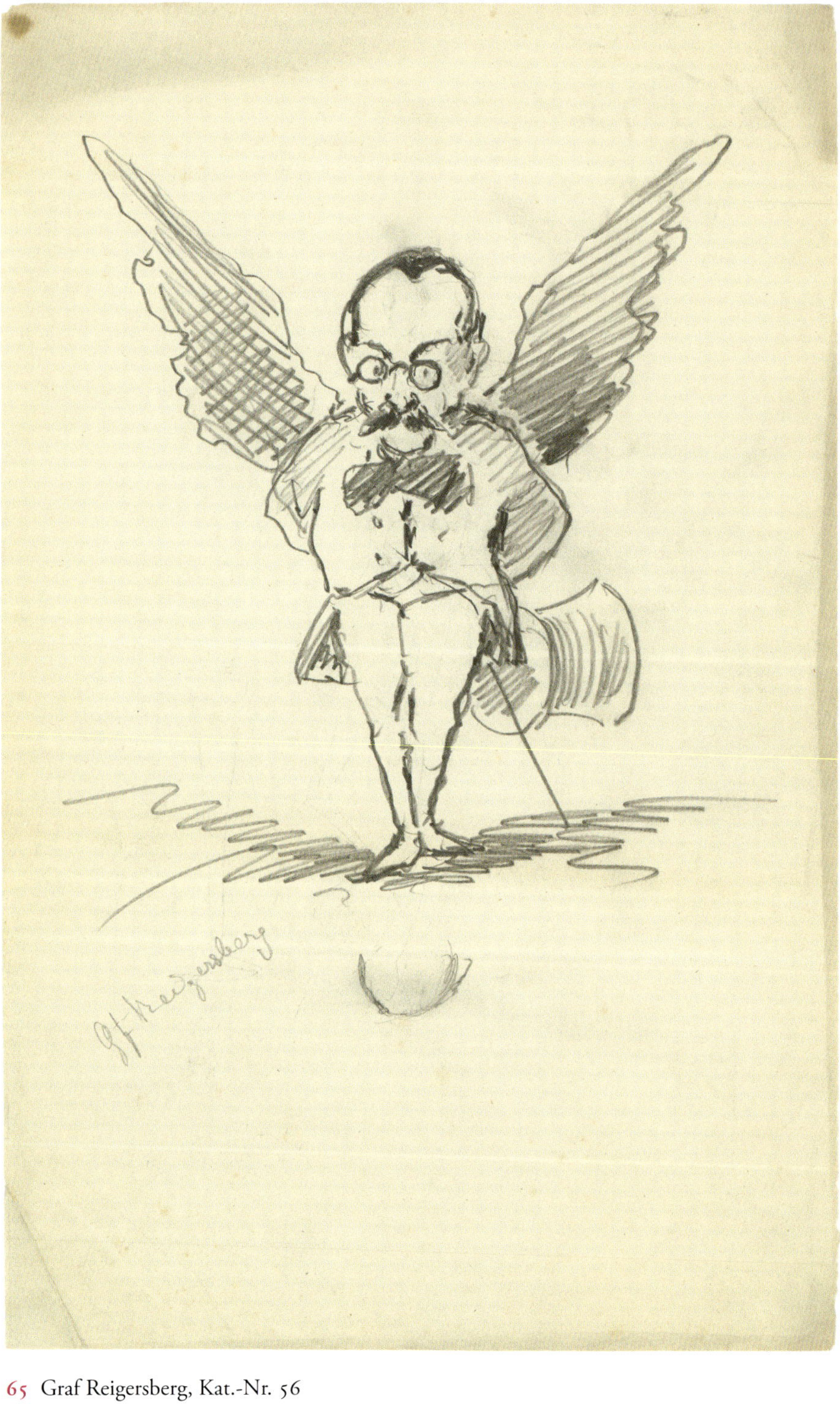

65 Graf Reigersberg, Kat.-Nr. 56

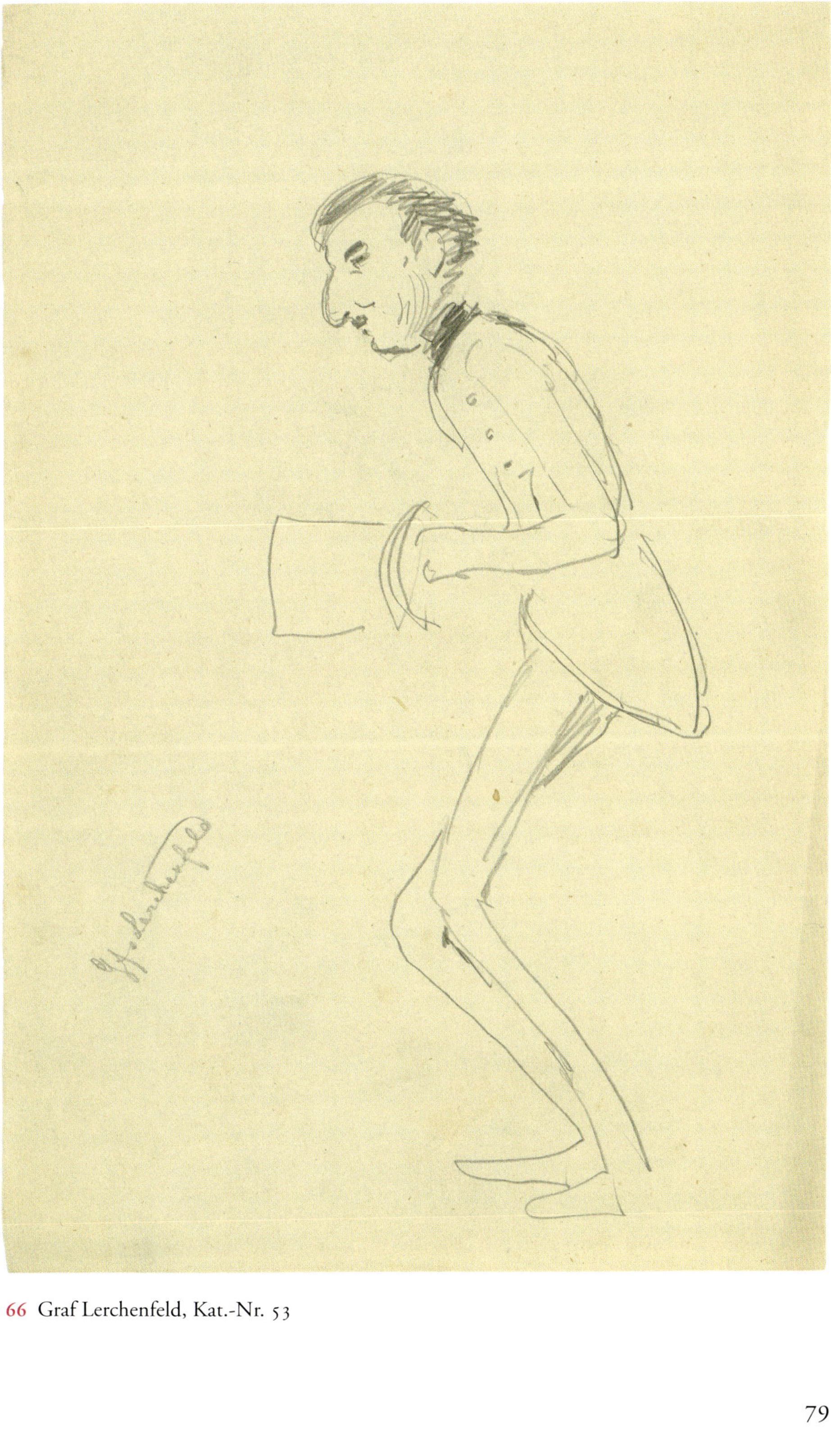

66 Graf Lerchenfeld, Kat.-Nr. 53

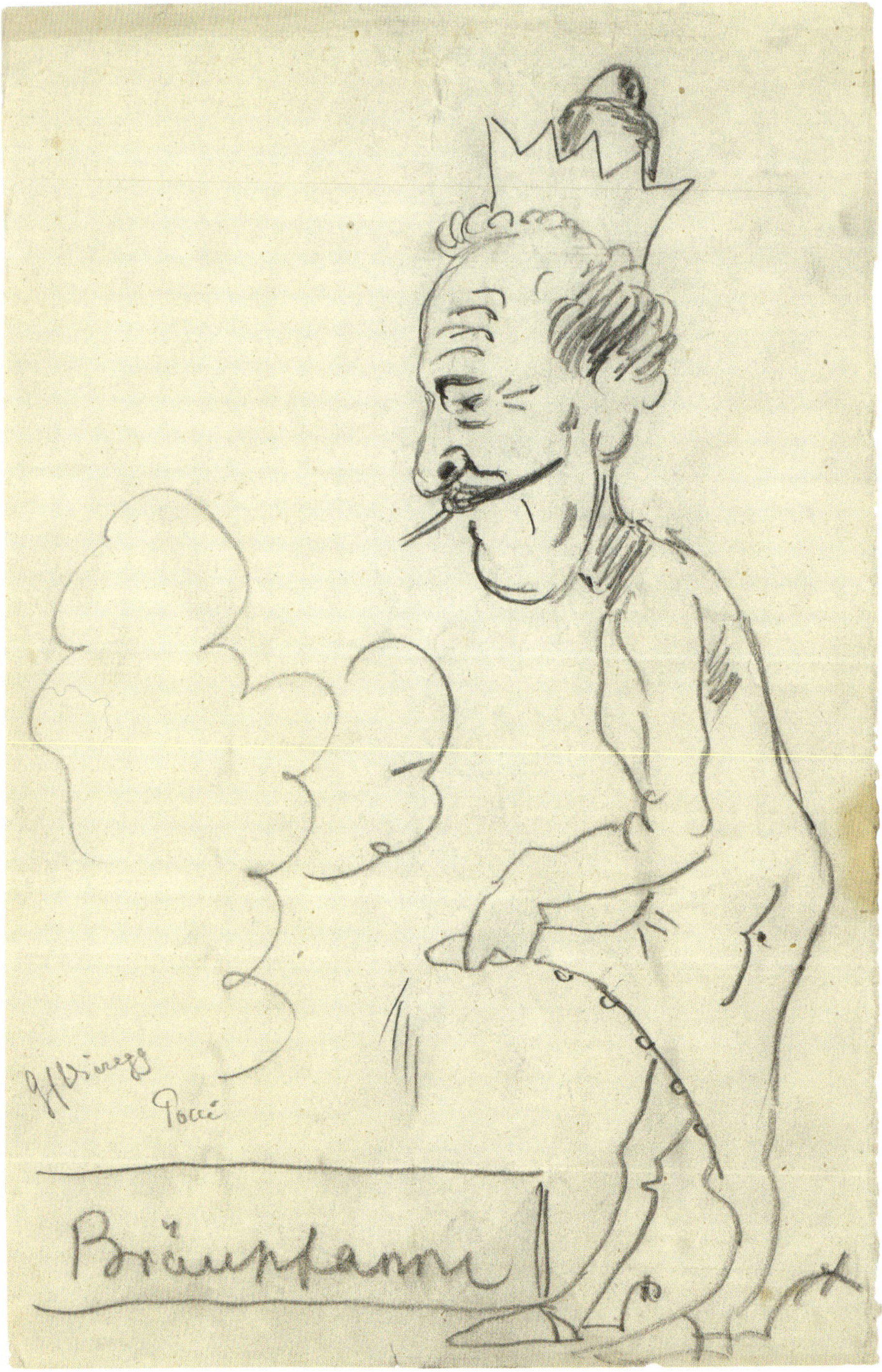

67 Graf Vieregg, Kat.-Nr. 60

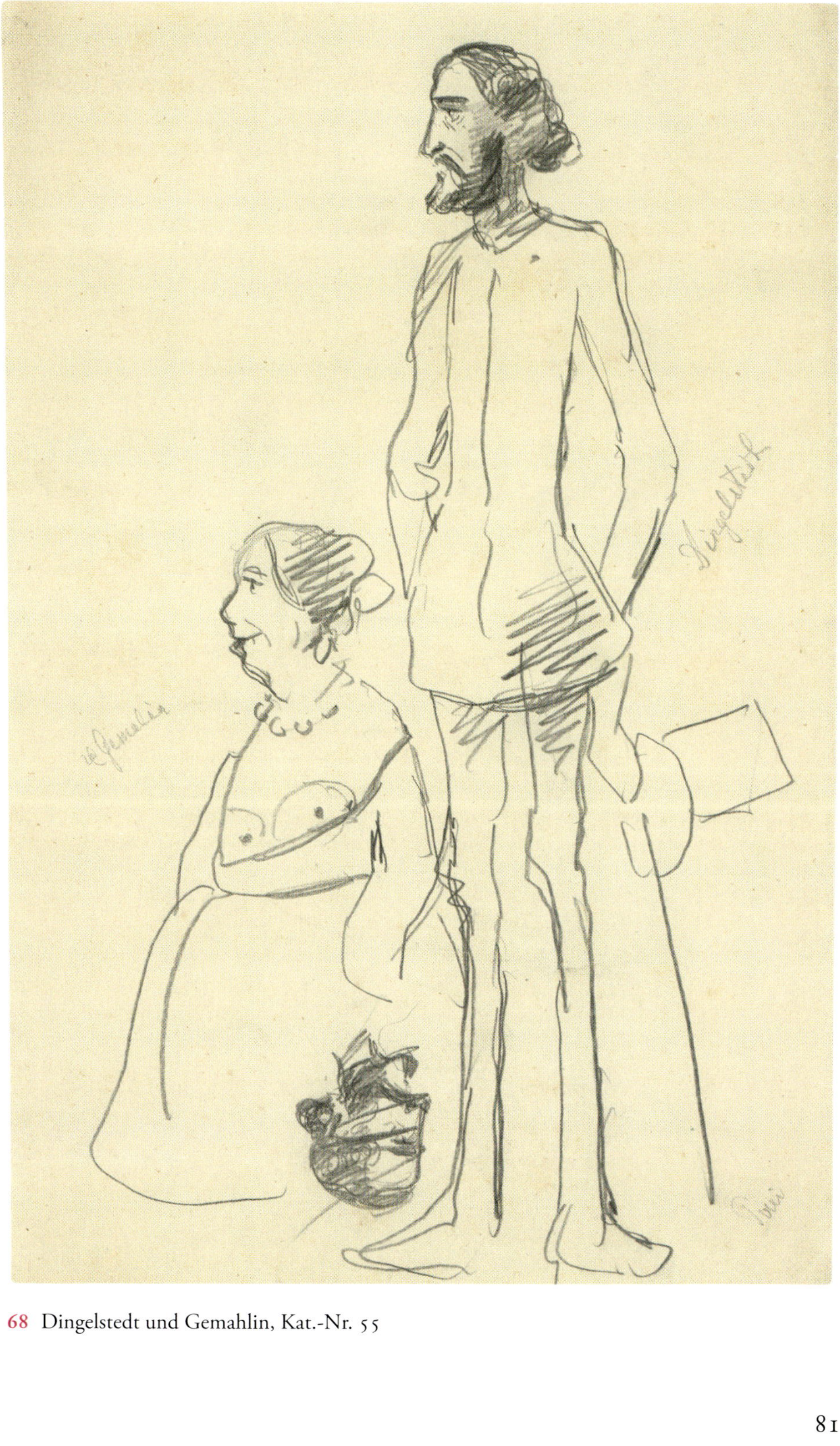

68 Dingelstedt und Gemahlin, Kat.-Nr. 55

Graf Ludwig von Otting und Fünfstetten
Poccis Nachfolger

Max Oppel

Die Herkunft der Grafen von Otting und Fünfstetten ist bemerkenswert.

Der Stammvater der Ottings war Carl Friedrich Stephan, geboren am 22. September 1767 in Pont-á-Mousson. Friedrich, so sein Rufname, war ein außerehelich geborener Sohn des Pfalzgrafen Friedrich Michael von Zweibrücken-Birkenfeld und Graf von Rappoltstein (1724–1764, Abb. 69) aus seiner Verbindung mit Louise Chaveau. Höfische Zeitgenossen nannten den zwei Meter großen Pfalzgrafen »den schönsten Cavalier seiner Zeit«. Aus seiner Ehe mit der Pfalzgräfin Maria Franziska von Sulzbach (1724–1794), Tochter des kurpfälzischen Erbprinzen Joseph Carl Emanuel, ging sein jüngerer legitimer Sohn Max Joseph (1756–1825), der spätere König Max I. Joseph von Bayern, hervor. Carl Friedrich Stephan war also ein Halbbruder des ersten bayerischen Königs.[1]

I.

Über seine Mutter Louise Chaveau ist nur wenig bekannt. Sie stammte aus dem südlich von Metz gelegenen Pont-á-Mousson, wo sie auch lebte. Der Sohn Friedrich wuchs bei ihr auf und erlernte Französisch als Muttersprache. Louise Chaveau war kränklich und als mit zunehmendem Alter ihr Gesundheitszustand sich verschlechterte und sie sich nicht mehr allein versorgen konnte, lebte sie bei einem Apotheker namens Danaux und schließlich dann im Kloster der Heimsuchung Mariens in Pont-á-Mousson, wo sie 1831, 80 Jahre alt, verstarb.[2]

II.

Die beiden Halbbrüder Friedrich und Max Joseph hatten stets ein gutes und enges Verhältnis. Schon im Alter von 14 Jahren wurde Friedrich von Max Joseph, der Regimentskommandeur im Rang eines Oberst war, in das Regiment »Royal d'Alsace« in Straßburg als Unterleutnant aufgenommen.[3] Er bekam den Namen Schönfeld. Bis zum Ausbruch der Französischen Revolution verlebten sie unbeschwerte und glückliche Zeiten. Nach der Französischen Revolution kam Friedrich Schönfeld zu Herzog Karl von Zweibrücken, dem älteren Bruder von Max Joseph, nach Schloss Karlsberg. Herzog Karl gab ihm ein Kammerlehen, eine Kompanie in seinem Garde-Regiment und verlieh ihm den Freiherrntitel.[4] Friedrich Carl Stephan Freiherr von Schönfeld wurde 1786 zum Leutnant ernannt. Als königlich bayerischer Kämmerer, Oberst und königlicher Flügeladjudant wurde er am 29. Juli 1813 als bayerischer Freiherr von Schönfeld anerkannt und erhielt für sich und seine

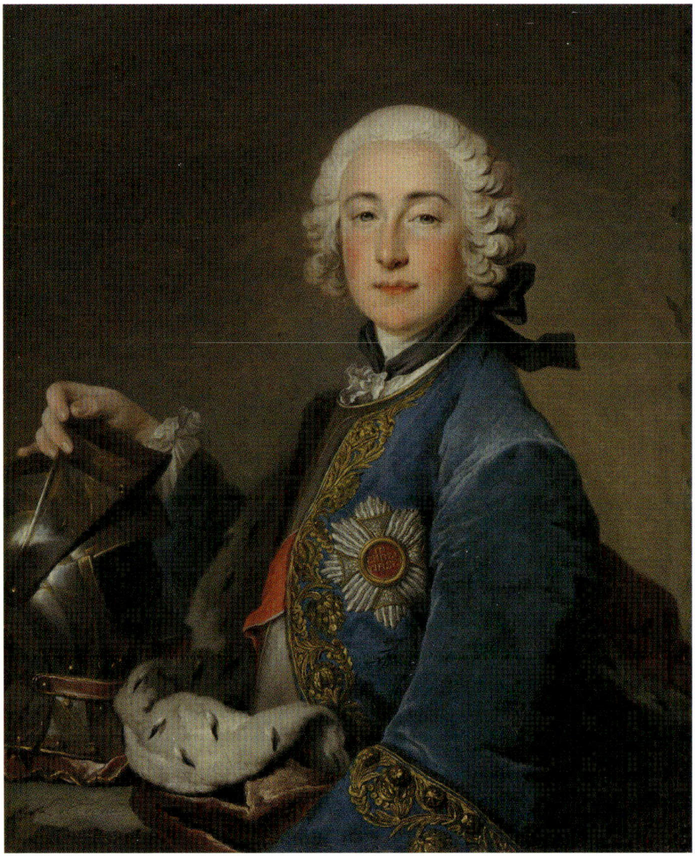

69 Louis Tocqué, Pfalzgraf Friedrich Michael von Zweibrücken-Birkenfeld, um 1745, Kat.-Nr. 124

Nachkommen am 16. Juli 1817 von König Max I. Joseph zum »Beweise allerhöchster Zufriedenheit mit seinen geleisteten Diensten« die Grafenwürde des Königreichs Bayern mit der Erlaubnis, den Namen Otting und Fünfstetten von den ihm zustehenden Gütern dieses Namens führen zu dürfen.[5] Am 17. Juli 1817 wurde er in die Grafenklasse des Adelsmatrikels des Königreichs Bayern immatrikuliert.[6]

III.

Carl Friedrich Stephan Graf von Otting und Fünfstetten war in zweiter Ehe mit Wilhelmine Louise Camilla Marquise de Montperny verheiratet. Als sechstes von elf Kindern wurde Ludwig Carl August am 1.März 1818 geboren. Taufpate war Kronprinz Ludwig von Bayern, der spätere König Ludwig I.

Sohn Ludwig ist in Fünfstetten aufgewachsen, wo die Familie im Schloss wohnte, und verbrachte hier eine sorglose und fröhliche Kindheit. Der Vater war

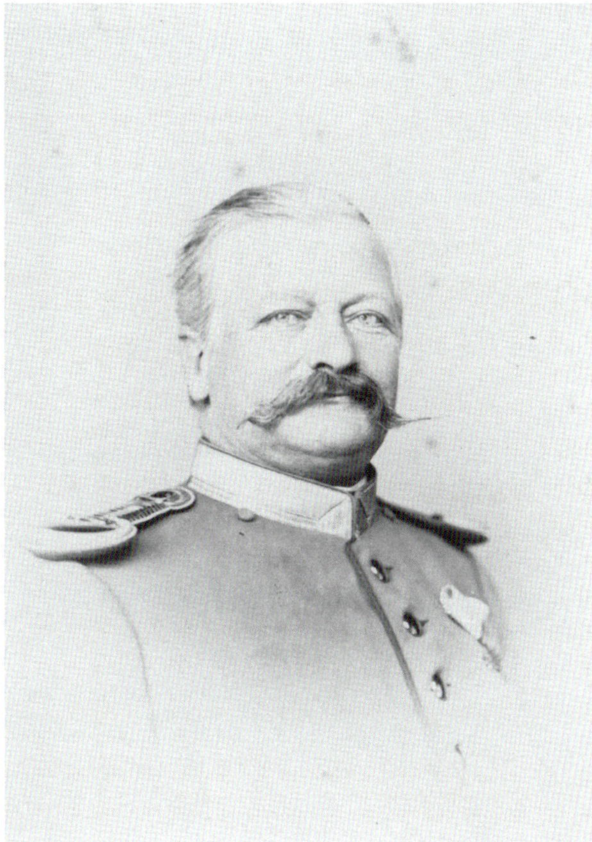

70 Franz Hanfstaengl, Ludwig Graf von Otting, Kat.-Nr. 125

sehr streng, die Gräfin aber eine »liebe und gute« Mutter.[7] Unterrichtet wurde Ludwig von verschiedenen Hauslehrern, wie es damals üblich war. Anschließend kam er mit seinem älteren Bruder Max in die Königliche Studienanstalt nach Altdorf bei Nürnberg. Ludwig hatte offensichtlich von seinem Vater die echte Soldatennatur geerbt und begann schon mit 16 Jahren eine militärische Laufbahn. Als Offizier brachte er es bis zum Oberst und war in dieser Zeit meistens bei seinem Regiment in Augsburg (Abb. 70). Er war gutmütig und von gemütlicher Wesensart, der Lieblingsonkel in der Familie und unverheiratet. Nach seinem Abschied beim Militär zog er zu seinem älteren gelähmten Bruder Max nach München und starb hier am 27. August 1894 im Alter von 76 Jahren. Begraben wurde er auf dem alten südlichen Friedhof in München.[8]

IV.

Ob Graf Ludwig von Otting und Fünfstetten im Zeichnen, Aquarellieren und Malen unterrichtet wurde, ist nicht ausdrücklich bekannt. Interessant ist jedoch, dass der in Brüssel geborene Landschafts-, Veduten- und Marine-Maler Joseph Carl Cogel oder Cogels (1785–1831), ein enger Freund im Haus der Ottings war und fast jedes Jahr einige Sommermonate in Fünfstetten verbrachte. Ludwigs Mutter, die eine gebildete und künstlerisch begabte Frau war, lernte bei ihm zeichnen, aquarellieren und malen, und er unterrichtete daneben auch die reifere Jugend. Außerdem war Theobald Senefelder, der Bruder von Alois Senefelder, ein gern gesehener Gast und unterwies die Gräfin und die größeren Kinder im Steinzeichnen. Es ist daher nicht verwunderlich, dass der Sohn Ludwig ein guter und geschickter Karikaturist und Aquarellist wurde, wie auch anhand seiner für die Herrengesellschaft *Altengland* angefertigten Blättern zu sehen ist. Seit 1868 war er deren Mitglied, wie aus zwei Verzeichnissen entnommen werden kann.[9]

Die Herrengesellschaft *Altengland* ließ anscheinend bevorzugt aus Anlass ihrer Treffen zum Jahresbeginn von einem Mitglied die Ereignisse des Jahres oder einzelne Mitglieder in kleinen Karikaturen festhalten. So entstanden zwischen 1840 und 1888 insgesamt zwölf Alben, in die diese Zeichnungen eingeklebt wurden. Allein von Pocci stammen ca. 1.470 Blätter, von Graf Ludwig von Otting und Fünfstetten ca. 150 Karikaturen.[10] Offensichtlich war er der Nachfolger Poccis im Amt des Bildchronisten der Gesellschaft.

Graf Ludwig war wohl nicht nur von gemütlicher Art, sondern auch eine durstige Seele, wie in der gedruckten Broschüre »Zur Charakterisierung der Lords von Altengland« zu lesen ist: »Wenn du einen beim hastigen Eintritt in's Kneiplokal rufen hörst, ›Wo is' mei' Bier? Soll scho' da sein‹, so ist der Durstige außer allem Zweifel der Graf Otting, genannt Wadl.«[11] Graf Ludwig war außerdem zeitweise »Lord Herold« der Gesellschaft, eine Art von Sekretär, und in diesem Amt ebenfalls einer der Nachfolger Poccis. In dieser Funktion hielt er zum Anglia-Jubiläum am 18. Februar 1876 eine Ansprache in Gedichtform mit dem Titel »Milords«.[12]

V.

Als Karikaturist und Aquarellist war Graf Ludwig von Otting und Fünfstetten ein würdiger und ebenbürtiger Zeitgenosse des Pasquillanten von Ammerland – wie Pocci sich selbst bezeichnete. Bei nur flüchtigem Betrachten sind die Arbeiten der beiden kaum voneinander zu unterscheiden. Was vor allem die Physiognomie der Personen betrifft, ist die Zeichnung und Strichführung bei Pocci skizzenhafter und flüchtiger, während bei Otting die Gesichter fast photographisch genau sind und die gesamte Darstellung bildhafter. Die Karikaturen beider sind stets humorvoll, treffsicher und dabei nie verletzend. Auf zwei Aquarelle von Ludwig Otting sei besonders hingewiesen.

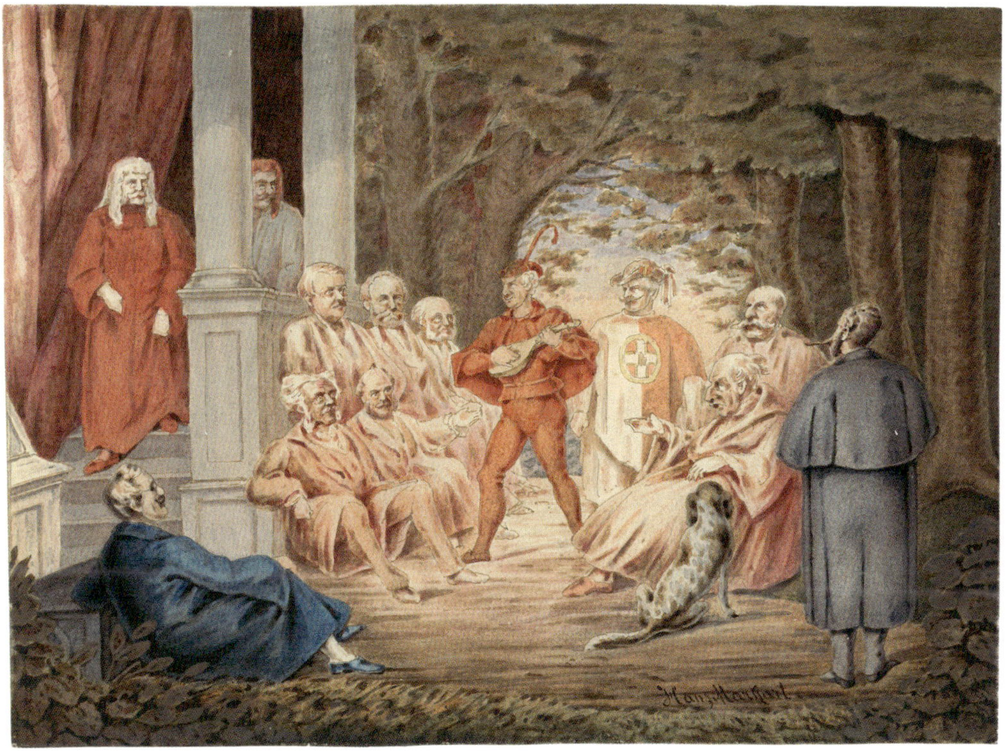

71 Ludwig Graf von Otting, Mephistos Lied, Kat.-Nr. 84

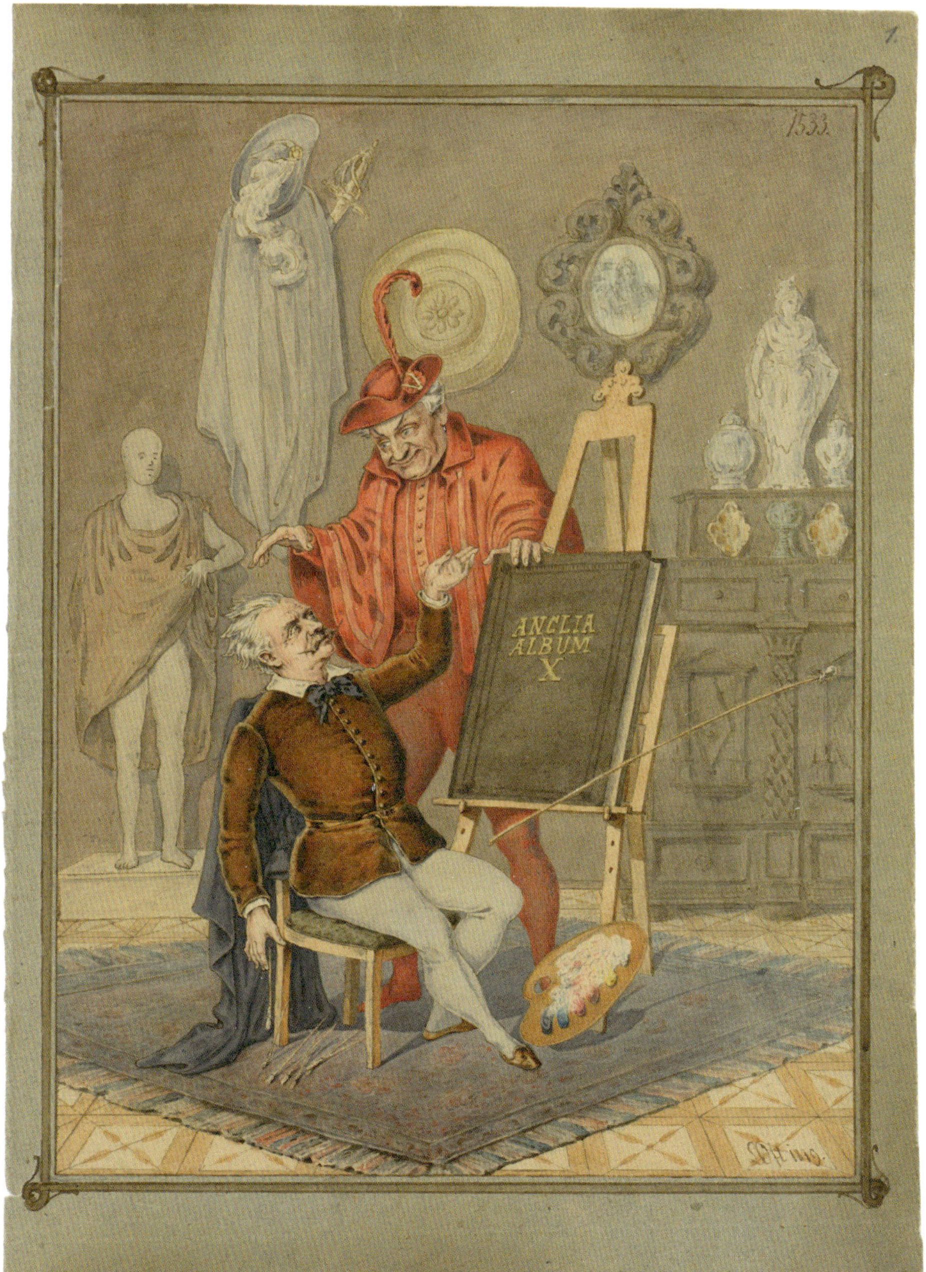

72 Ludwig Graf von Otting, Anglia Album, 1879, Kat.-Nr. 82

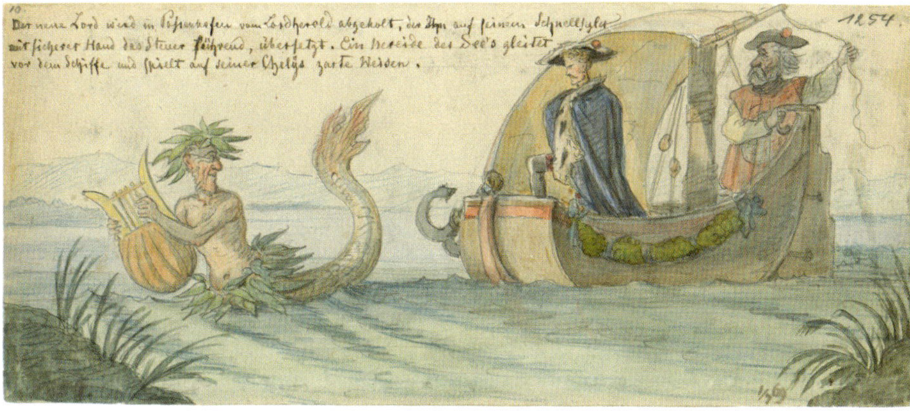

73 Der neue Lord wird in Possenhofen vom Lordherold abgeholt, Kat.-Nr. 101

Das erste Blatt (Abb. 72) zeigt Herzog Max in Bayern im braunen Wams und mit weißen Beinkleidern auf einem Stuhl sitzend. Er betrachtet das auf einer Staffelei stehende Buch »Anglia Album«, dessen Schrift in goldenen Lettern leuchtet. Zu ihm tritt ein Mann in auffallend roter Kleidung heran. Das Rot und der Hut mit der Hahnenfeder lassen ihn sofort als Mephisto erkennen. Es ist der Hofmedicus Dr. Ludwig von Koch (1805–1888), Poccis langjähriger und guter Freund, seit 1845 Mitglied von *Altengland.* So hatte Dr. von Koch das Libretto von Poccis Singspiel *L'Amore Alchimista. Dramma giacoso in due atti* verfasst, das im Münchener Hoftheater am 23. und 30. Dezember 1840 aufgeführt wurde. Pocci, schon immer dem »Spotteufel« verfallen, hatte in dem Hofmedicus seinen »höllischen Einbläser« gefunden, eine Rolle, die ihm auch nach Poccis Tod blieb. Herzog Max erhebt die Hand voller Bewunderung, während Mephisto verschmitzt grinsend die seine über dem Kopf des erlauchten Herrn wie dämpfend und schützend hält. Das Buch auf der Staffelei kann wohl als Reverenz an die Herrengesellschaft *Altengland* angesehen werden.

Auf einem zweiten Blatt (Abb. 71) begegnen wir erneut Mephisto, alias Dr. Ludwig von Koch. Im Kreis der Lords von *Altengland* in roten Umhängen tritt er auf der Laute spielend wohl einen witzigen und spitzen Vers trällernd, vor den malerisch im blauen Gewand am Boden sitzenden Herzog Max. Als zentral hervorgehobene Figur im Hintergrund ist Herzog Karl Theodor in Bayern zu sehen, der älteste Sohn von Herzog Max, der berühmte Augenarzt, seit 1869 auch-Mitglied von *Altengland* (Abb. 73). Er trägt ein prächtiges rotes Gewand mit einem Emblem auf der Brust. Den Kopf ziert ein roter Hut. Neben der ersten Säule links ist der Lordmayor mit der Allongeperücke und links vorne in der ersten Reihe der Sitzenden der markante Wuschelkopf des Mineralogen und langjährigen Freundes von Pocci, Franz von Kobell, zu sehen. Auf der rechten Seite vor dem die Hand erhebenden Herrn – wahrscheinlich Geheimrat Johann Nepomuk von Sutner (1798–1884), ehemaliger Vorstand der Staatsschuldentilgungskommission – ein dem Herzog Max gehörender sitzender großer Hund. Das Besondere an dem Bild ist der bühnenbild- oder kulissenartige Aufbau. Am unteren Rand des Blattes befindet sich, von eigener oder fremder Hand, der Name »Hanz Markart« als eine Art Signatur. Ist es »Phantasie oder Spott« über den für seine opulent inszenierten Historienbilder berühmten Wiener Maler Hans Makart (1840–1884)? Dieser hatte 1860–69 in München gelebt und studiert. Die Blätter von Ludwig Otting sind weder signiert noch vor allem datiert, sodass bei diesem Aquarell genaue Nachforschungen mit dem Ziel einer exakten Beschreibung des Anlasses der Darstellung so gut wie nicht möglich sind.

1 Die in Familienbesitz befindlichen Archivalien können noch nicht benutzt werden. Für Aussagen über den Stammvater der Grafen von Otting und Fünfstetten und seine Familie wurde daher das Buch des um 1900 in Otting amtierenden Pfarrers herangezogen: Josef Krämer, *Carl Friedrich Stephan, Graf von Otting und Fünfstetten, Freiherr von Schönfeld, mit einem Anhang über die Familien von Montperny und Mägele, nebst einer Beschreibung der Schlosskirche von Otting (von Pfarrer Bernhard Eder in Otting)*, Druck von Georg Appl, Wemding 1912. Es enthält jedoch keine Quellenverweise.

2 1610 gründete Franz von Sales, Fürstbischof von Genf mit Sitz in Annecy, mit der seligen Johanna Franziska von Chantal die Ordensgemeinschaft der Schwestern von der Heimsuchung Mariens, die heute meist Salesianerinnen genannt werden.

3 Max Joseph erhielt das Patent (Ernennungsurkunde) zum Oberst am 12. November 1770. Das Regiment »Royal d'Alsace« gehörte wie das Regiment »Royal Deux Ponts« zu den deutschen Fremdenregimentern in französischem Dienst. Sie rekrutierten sich hauptsächlich aus den Ländern, deren Namen sie trugen, und wurden durch Franzosen ergänzt. Die Kommandosprache war stets Deutsch. Das Regiment »Royal d'Alsace« galt als besonders vornehm.
Unterleutnant ist ein Soldat im niedrigsten Offiziers-Dienstgrad. Der Rang wurde erstmals in Frankreich 1662/74 eingeführt und ist von den Armeen anderer Länder übernommen worden. Der in Urkunden sowie in der feudalistischen Literatur verwendete Ausdruck »Kammerlehen« ist vieldeutig. In der Regel bezeichnet er die Verbindung des Lehensobjekts mit der Kammer des Lehensherrn als Sammelstelle seiner Einkünfte.

4 Bayerisches Hauptstaatsarchiv (BayHStA), Adelsmatrikel, Fr. S 26 und BayHStA, Adelsmatrikel, Grafen O 4. Die zum Adelsmatrikel Freiherr von Schönfeld gehörenden Archivalien befinden sich nunmehr im Adelsmatrikelakt »Grafen« in der dortigen Beiakte. Hier sei insbesondere auf das Blatt 88 verwiesen (siehe Anhang), das Angaben zu dem unehelichen Sohn von Pfalzgraf Friedrich Michael von Zweibrücken-Birkenfeld enthält. Verfasser und Behörde sind nicht bekannt. Das Schriftstück ist mit keinem Datum versehen und nennt auch keinen Vornamen. Dass hier die Mutter einen anderen Namen trägt und das Geburtsjahr mit 1766 angegeben wird, konnte nicht geklärt werden. Zu großem Dank bin ich Herrn Dr. Gerhard Immler,

BayHStA, Abt. III, GHA, verpflichtet, der viele wertvolle Hinweise gegeben hat.

5 Durch die Vermittlung des Grafen von Reißach, Landrichter von Monheim, erwarb Carl Friedrich Stephan 1811 die Güter Otting und Fünfstetten für 110.000 Gulden. König Max I. Joseph schenkte am 18. Juni 1816 seinem Halbbruder aus Privatmitteln 80.000 Gulden zur Tilgung von Hypotheken.

6 Josef Krämer (wie Anm. 1).

7 Ebenda.

8 Todesanzeige vom 27. August 1894 in der Personalakte von Graf Ludwig von Otting und Fünfstetten. BayHStA, Abteilung IV, Kriegsarchiv. Signatur: P.A. Abt I No. 21708/I. Graf Otting wurde in der Grablege der Familie Klenze beigesetzt, wo schon die erste Frau seines Bruders Maximilian Joseph, Sophie von Klenze, bestattet worden war. Wenig später – dem Friedhofsverzeichnis zufolge – wurden seine sterblichen Überreste in die Familiengruft in Fünfstetten überführt. Für die Information ist Florian Scheungraber und Dr. Claudia Denk zu danken.

9 Bayerische Staatsbibliothek München, Abteilung Handschriften und Nachlässe: Gedrucktes Mitgliederverzeichnis »Altenglands Stammtafel von 1876«. Sie enthält 123 Mitgliedereinträge, Pocciana 114a/114b, und ein handgeschriebenes Verzeichnis ohne Datum; Letzteres enthält 129 Mitgliedereinträge, wobei der letzte Eintrag von 1885 datiert, Pocciana 114d.

10 Aloys Dreyer, *Franz Pocci. Dichter, Künstler und Kinderfreund*, München und Leipzig: Georg Müller 1907, Seite 52.

11 Bayerische Staatsbibliothek München, Abteilung Handschriften und Nachlässe, Pocciana 114b, Teil 2.

12 Ebenda; aus dem Gedicht geht hervor, dass bis zum Jubiläum am 18. Februar 1876 die Herrengesellschaft *Altengland* insgesamt 123 Mitglieder hatte, wovon 48 Lords damals noch am Leben waren.

Anhang (siehe Fußnote 4)

Friedrich Michael VIII.
geb. 27. Februar 1724 zu Rappoldsweiler, wird katholisch 8. Dez. 1746, gest. in Schwetzingen am 15. Aug. 1767
Fragmente zur Geschichte des Pfalz-Zweibrückenschen Hauses,
im K. Geheimen Haus-Archiv.
Auch die Liebe, das heißt die physische Liebe gehörte zu den Ausflüssen seines kraftvollen Temperaments und als Fürst und schöner Mann hatte er doppelte Gelegenheit um diese Neigung zu befriedigen. Man sollte beynahe glauben, daß er die beyden Schwestern seiner Gemahlin besessen haben. Von allen Weibern war er angebethet. In seinen letzten Jahren führte er bequemere Liebschaften als die der Hofdamen. Ein gewisses Mädchen von Mannheim, Nahmens Habert, behielt er mehre Jahre durch den Vorzug und war noch deren Besitzerin [sic] als er verstarb. Sie reizzte aber dadurch die Eifersucht der Damen höheren Standes, und der gute Prinz konnte sie auf keine andere Art dagegen sicher stellen, als indem er sie entfernte. Ao 1766 gebahr sie einen Sohn. He. von Bergh, Obrist vom Regiment Royal Deuxpont besorgte ihre Reise nach Metz wo sie Kindbetterin wurde. Das folgende Jahr mußte sie wieder sich entfernen und es scheint, daß sie noch in Pont a' mousson war, wo He. von Bergh sie bey einem Soldherrn unterbracht hatte, als der Prinz starb. Ihre folgenden Schicksale sind mir unbekannt. Ihr Sohn wurde zu Pont a' mousson erzogen u. kam als er das 15. Jahr erreicht hatte als Unterleutnant ins Regiment Elsaß. Er bekam den Namen Schönfeld. Sein Vater hatte ihm ein jährliches Gehalt von 500 französischen Livres bestimmt. Sein Bruder der nunmehrige Herzog Max v. Zweibrücken gab ihm aber 1200 aus seiner Chatulle solang er in französischen Diensten war. Nach der Revolution kam der von Schönfeld zum Herzog Karl [dem Bruder von Friedrich Michael VIII.] auf den Karlsberg. Dieser gab ihm ein Kammerlehen von 2000 fl [Florin]. Eine Kompagnie in seinem Garde Regiment und den Freiherren Titel. Von seinen ehelichen Kindern überlebten Prinzen Friedrich nemlich 2 Söhne, u. 2 Töchter.

[Die Übertragung aus der gotischen Schrift wurde in der Diktion des unbekannten Schreibers belassen.]

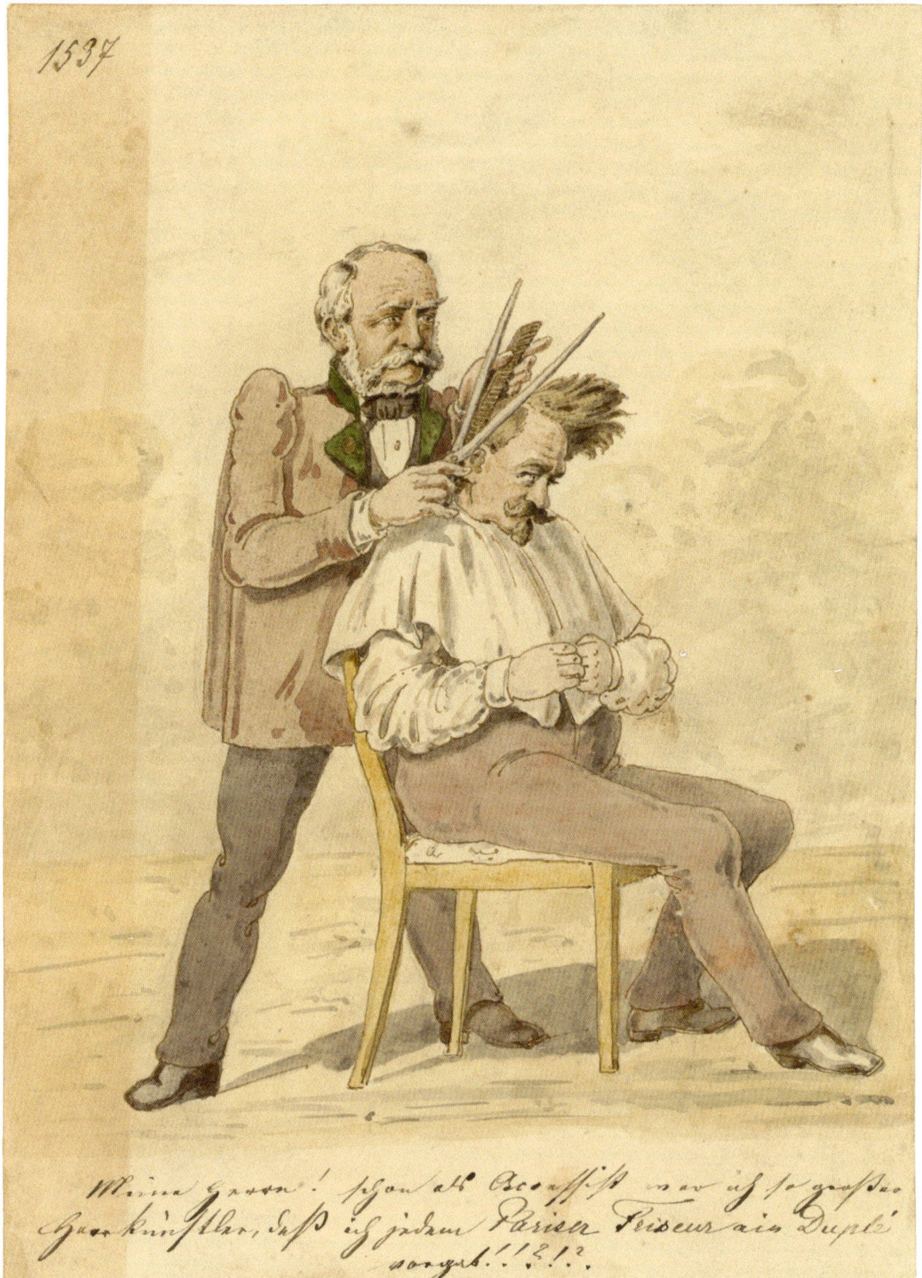

74 Ludwig Graf von Otting, Szene beim Friseur, Kat.-Nr. 76

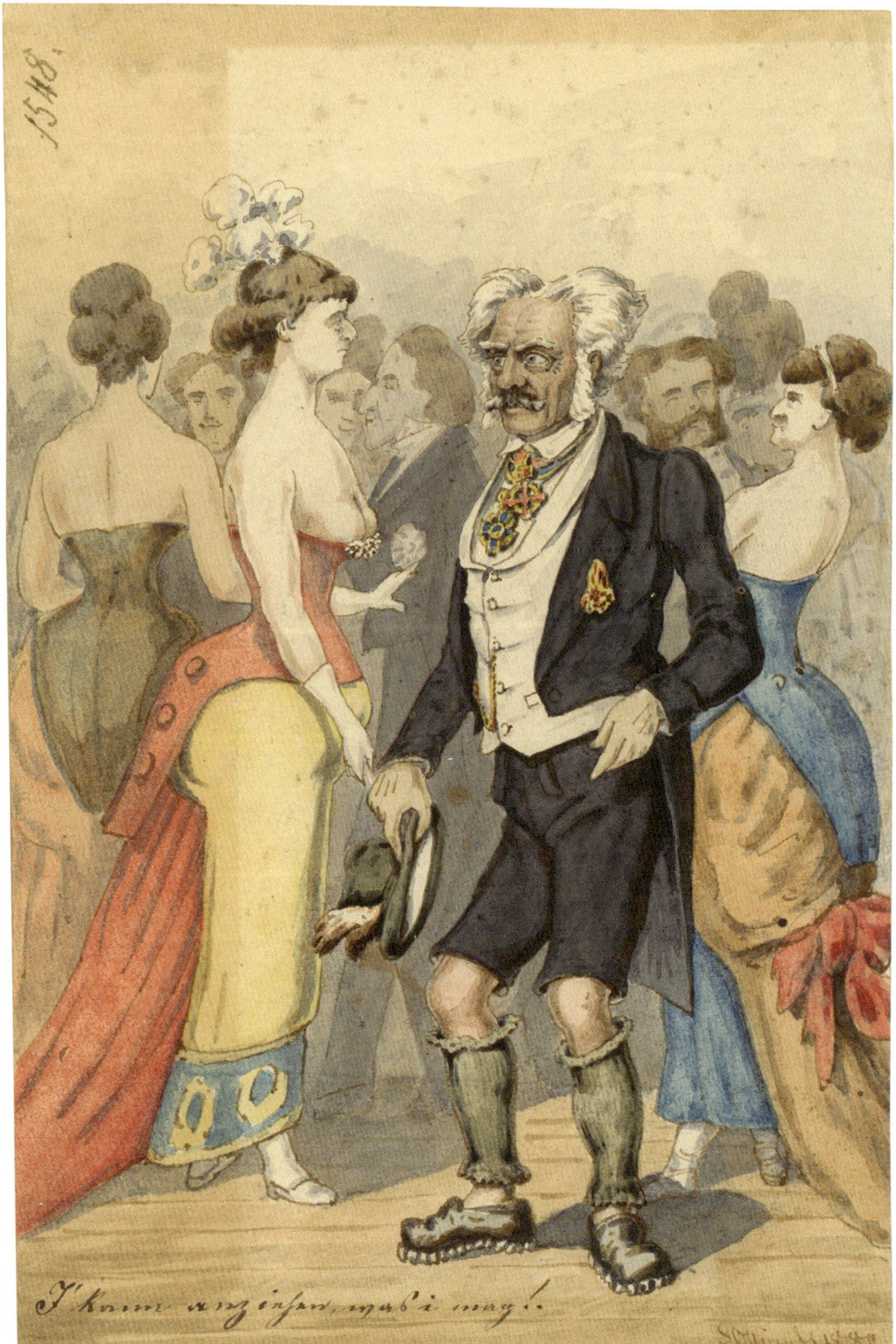

75 Ludwig Graf von Otting, Ballszene, 1880, Kat.-Nr. 86

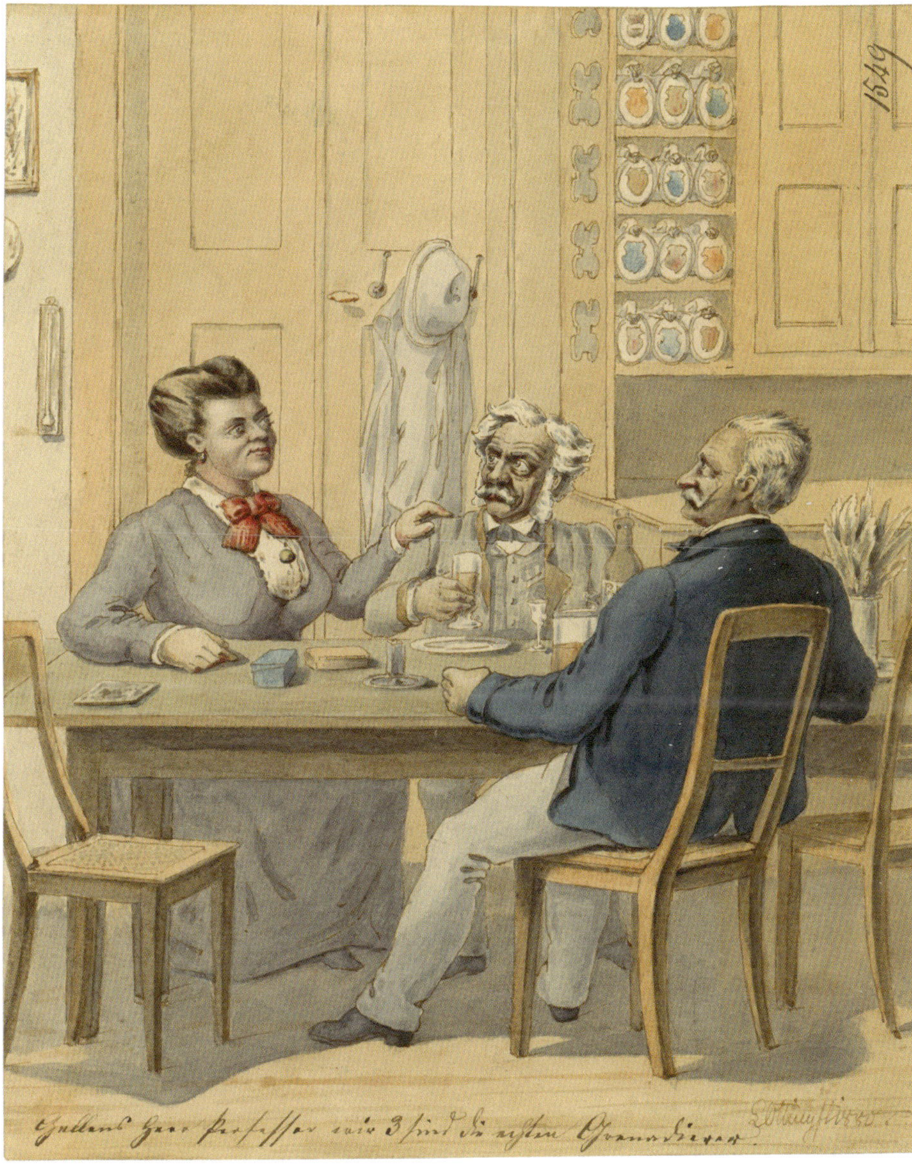

76 Ludwig Graf von Otting, Drei echte Grenadiere, 1880, Kat.-Nr. 85

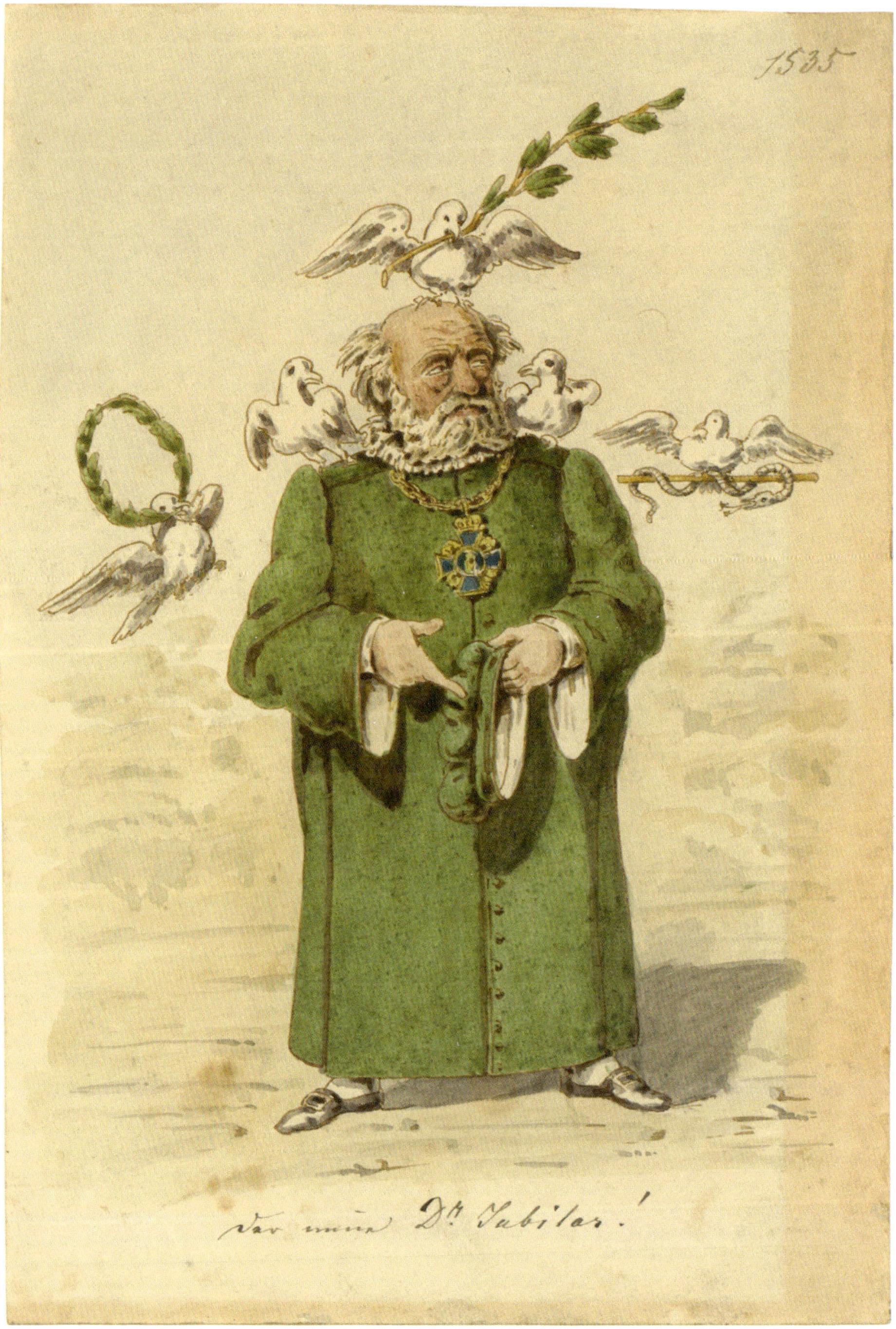

77 Ludwig Graf von Otting, Der neue Dr. Jubilar, Kat.-Nr. 75

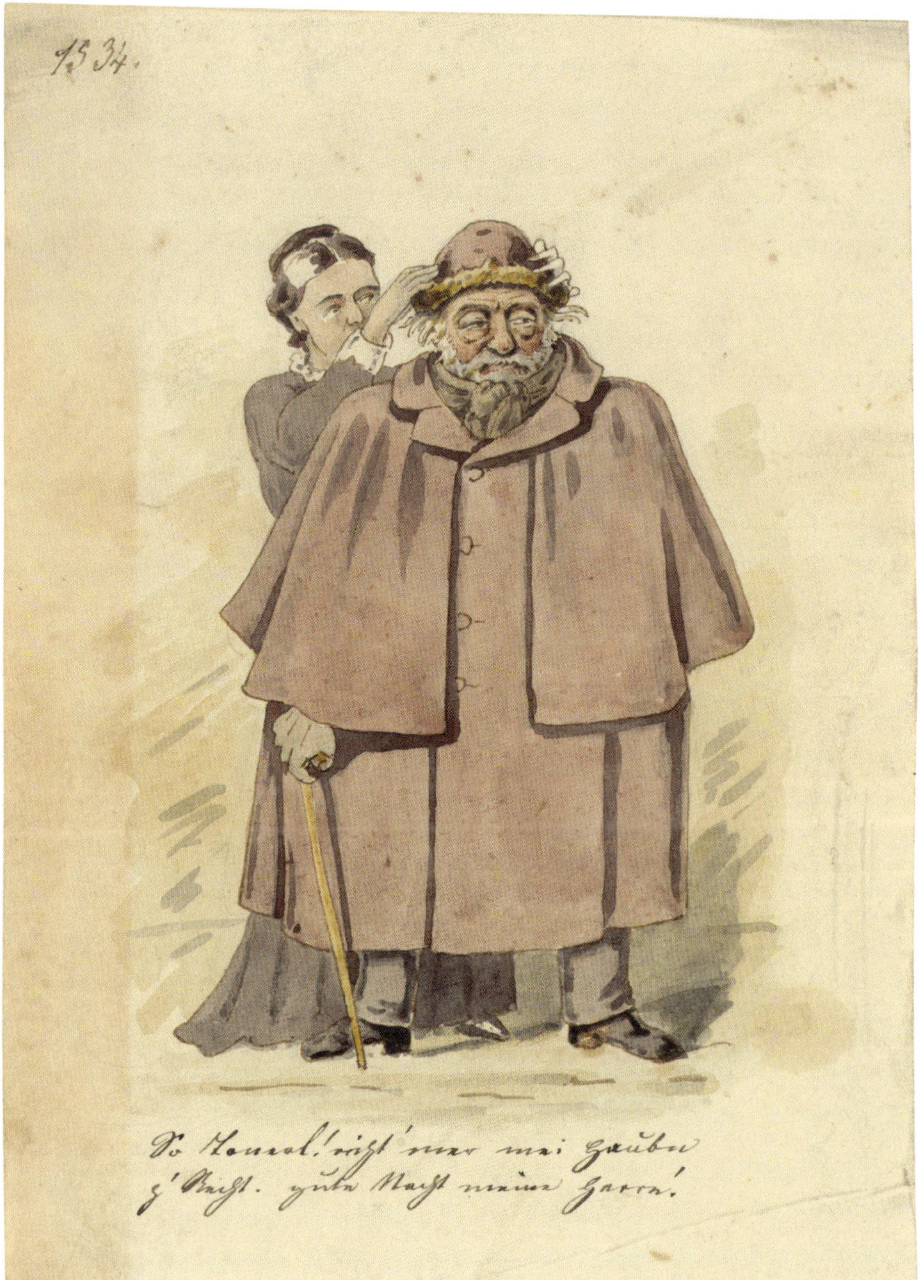

78 Ludwig Graf von Otting, Ein Mann bekommt von einer Frau einen Hut aufgesetzt, Kat.-Nr. 74

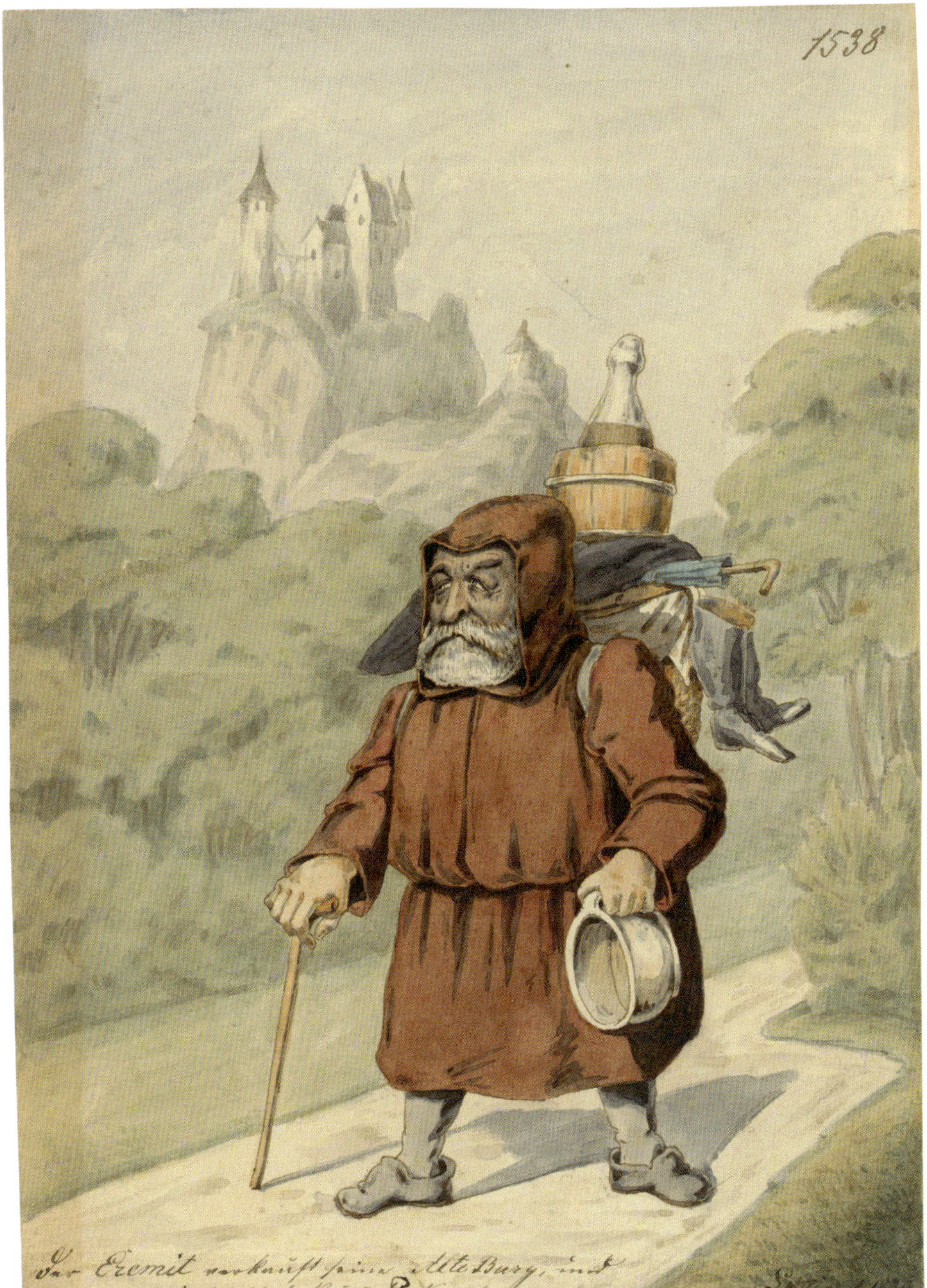

79 Ludwig Graf von Otting, Der Eremit verkauft seine alte Burg und zieht mit Sack und Pack ab, 1879, Kat.-Nr. 87

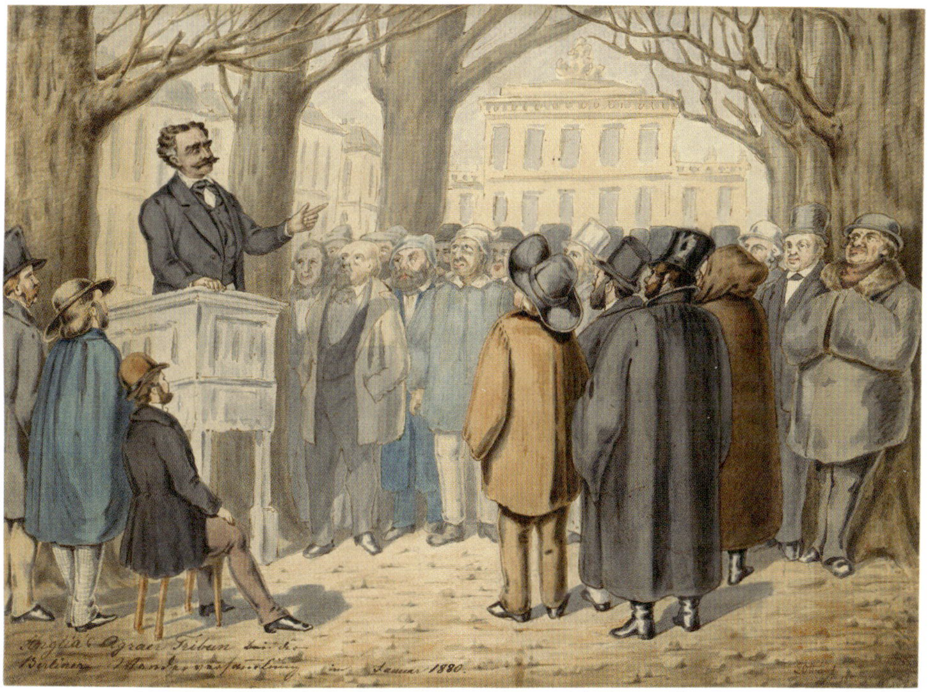

80 Ludwig Graf von Otting, Anglia's Agrarier Tribun bei der Berliner Wanderversammlung im Januar 1880, Kat.-Nr. 83

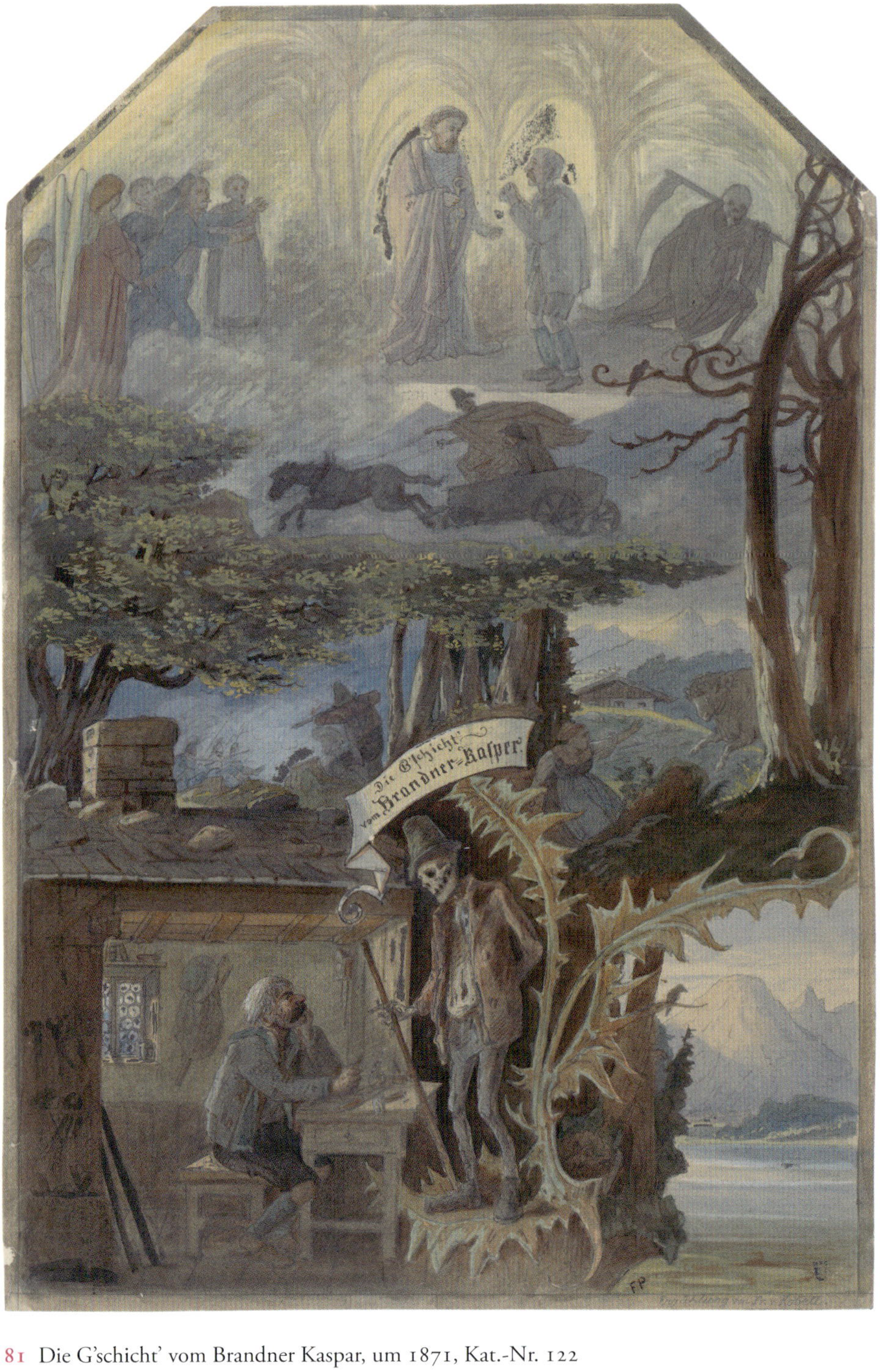

81 Die G'schicht' vom Brandner Kaspar, um 1871, Kat.-Nr. 122

Katalog

Dokumentiert sind hier alle Werke der Museumsstiftung zur Förderung der Staatlichen Museen in Bayern, Zustiftung Max Oppel, 4.11.2016, und die Pocci-Stiftungen des Jahres 2018, sowie – in der Abfolge der Inventarnummern – alle im Buch abgebildeten Werke. Für den Gesamtbestand der Staatlichen Graphischen Sammlung München an Pocci-Zeichnungen siehe: https://www.sgsm.eu/sammlung/.

Die Titel von Poccis Werken wurden – sofern sie nicht den älteren Inventaren der Sammlung oder Beschriftungen zu entnehmen sind – im Zuge der Inventarisierung vergeben und gehen daher nicht auf den Künstler selbst zurück.

Kat.-Nr. 1 (Abb. 50)
Prinz Eugen vor Belgrad, um 1842
Bleistift
146 × 112 mm
Inv.-Nr. GVS 5975
Provenienz: Unbefristete Leihgabe der Museumsstiftung, Zustiftung Max Oppel, München

Kat.-Nr. 2
Prinz Eugen vor Belgrad, 2. Bild, um 1842
Bleistift, Feder und Pinsel in Schwarz
145 × 105 mm
Inv.-Nr. GVS 5976
Provenienz: Unbefristete Leihgabe der Museumsstiftung, Zustiftung Max Oppel, München

Kat.-Nr. 3 (Abb. 47)
Prinz Eugen vor Belgrad, 3. Bild, um 1842
Bleistift, Feder und Pinsel in Schwarz
148 × 106 mm
Inv.-Nr. GVS 5977
Provenienz: Unbefristete Leihgabe der Museumsstiftung, Zustiftung Max Oppel, München

Kat.-Nr. 4
Schlachtlied, um 1842
Bleistift
156 × 113 mm
Inv.-Nr. GVS 5978
Provenienz: Unbefristete Leihgabe der Museumsstiftung, Zustiftung Max Oppel, München

Kat.-Nr. 5 (Abb. 49)
Reiterlied, um 1842
Bleistift, Feder in Schwarz
150 × 105 mm
Beschriftung auf Blatt (recto) o. M.: No. 2
Inv.-Nr. GVS 5979
Provenienz: Unbefristete Leihgabe der Museumsstiftung, Zustiftung Max Oppel, München

Kat.-Nr. 6 (Abb. 48)
Reiters Morgenlied, um 1842
Bleistift
150 × 106 mm
Beschriftung auf Blatt (recto) o. M.: No. 3
Inv.-Nr. GVS 5980
Provenienz: Unbefristete Leihgabe der

Museumsstiftung, Zustiftung Max Oppel, München

Kat.-Nr. 7
Der Schweizer, um 1842
Bleistift
156 × 106 mm
Beschriftung auf Blatt (recto) o. M.: No. 4
Inv.-Nr. GVS 5981
Provenienz: Unbefristete Leihgabe der Museumsstiftung, Zustiftung Max Oppel, München

Kat.-Nr. 8
Soldatenlied, um 1842
Feder in Schwarz
149 × 110 mm
Beschriftung auf Blatt (recto) o. M.: No. 7
Inv.-Nr. GVS 5982
Provenienz: Unbefristete Leihgabe der Museumsstiftung, Zustiftung Max Oppel, München

Kat.-Nr. 9
Der alte Krieger an seinen Mantel, um 1842
Bleistift, Feder in Schwarz, Pinsel in Grau
149 × 106 mm
Inv.-Nr. GVS 5983
Provenienz: Unbefristete Leihgabe der Museumsstiftung, Zustiftung Max Oppel, München

Kat.-Nr. 10 (Abb. 44)
Soldatenleben, um 1842
Feder in Schwarz
149 × 106 mm
Beschriftung auf Blatt (recto) o. M.: 9
Inv.-Nr. GVS 5984
Provenienz: Unbefristete Leihgabe der Museumsstiftung, Zustiftung Max Oppel, München

Kat.-Nr. 11
Grenadierlied, um 1842
Bleistift, Feder in Schwarz
154 × 110 mm
Beschriftung auf Blatt (recto) o. r.: ad No. 12
Inv.-Nr. GVS 5985
Provenienz: Unbefristete Leihgabe der Museumsstiftung, Zustiftung Max Oppel, München

Kat.-Nr. 12
Soldatenleben, um 1842
Feder in Schwarz, Pinsel in Grau
150 × 106 mm
Beschriftung auf Blatt (recto) o. r.: No. 13
Inv.-Nr. GVS 5986
Provenienz: Unbefristete Leihgabe der Museumsstiftung, Zustiftung Max Oppel, München

Kat.-Nr. 13 (Abb. 46)
Kaplied (Initiale A), um 1842
Feder in Schwarz
147 × 110 mm
Inv.-Nr. GVS 5987
Provenienz: Unbefristete Leihgabe der Museumsstiftung, Zustiftung Max Oppel, München

Kat.-Nr. 14 (Abb. 45)
Soldatenlied (Ein Schifflein sah ich fahren …), um 1842
Feder in Schwarz
156 × 112 mm
Beschriftung auf Blatt (verso): No. 14
Inv.-Nr. GVS 5988
Provenienz: Unbefristete Leihgabe der Museumsstiftung, Zustiftung Max Oppel, München

Kat.-Nr. 15
Die Prager Schlacht, um 1842
Bleistift, Feder in Schwarz
149 × 105 mm
Beschriftung auf Blatt (verso): No. 15
Inv.-Nr. GVS 5989
Provenienz: Unbefristete Leihgabe der Museumsstiftung, Zustiftung Max Oppel, München

Kat.-Nr. 16
Schwertlied, um 1842
Bleistift, Pinsel in Schwarz
152 × 110 mm
Beschriftung auf Blatt (verso): No. 23
Inv.-Nr. GVS 5990
Provenienz: Unbefristete Leihgabe der Museumsstiftung, Zustiftung Max Oppel, München

Kat.-Nr. 17
Der gute Kamerad, um 1842
Bleistift
130 × 109 mm
Beschriftung auf Blatt (verso): No. 25
Inv.-Nr. GVS 5991
Provenienz: Unbefristete Leihgabe der Museumsstiftung, Zustiftung Max Oppel, München

Kat.-Nr. 18
Treue Liebe, um 1842
Feder in Schwarz
130 × 108 mm
Beschriftung auf Blatt (verso) o. l.: No. 24 / Treue Liebe; u. r.: Den Schild bitte ich ganz leer zu lassen, […] eine Strichlage zu geben
Inv.-Nr. GVS 5992
Provenienz: Unbefristete Leihgabe der Museumsstiftung, Zustiftung Max Oppel, München

Kat.-Nr. 19
Soldatenabschied, um 1842
Bleistift
141 × 110 mm
Beschriftung auf Blatt (verso): No. 14
Inv.-Nr. GVS 5993
Provenienz: Unbefristete Leihgabe der Museumsstiftung, Zustiftung Max Oppel, München

Kat.-Nr. 20
Autograph Franz von Pocci
Feder in Braun
257 × 200 mm
Beschriftung auf Blatt (recto): Nach Analogie unserer letzten Bekanntmachung, in welcher die aus dem Aussch. zu treten habenden Mitglieder genannt wurden, hielt ich es für notwendig, die neu gewählten ebenfalls namentlich aufzuführen und ersuche dich um Genehmigung […?] Ratificierung des Concepts, damit ich es bald möglichst vom Stapel laufen lassen kann / Dein Pocci / das letzte Ausschußprotocoll folgt zurück
Inv.-Nr. GVS 5994

Provenienz: Unbefristete Leihgabe der Museumsstiftung, Zustiftung Max Oppel, München

Kat.-Nr. 20
Kinder, ein Spruchband tragend, 1847
Bleistift, Aquarell
106 × 172 mm
in der Kartusche u. l. monogr. und dat: 8. April 1847
Inv.-Nr. GVS 5995
Provenienz: Unbefristete Leihgabe der Museumsstiftung, Zustiftung Max Oppel, München

Kat.-Nr. 21
Reiter in Winterlandschaft
Gouache
105 × 156 mm
u. l.: F. Pocci
Inv.-Nr. GVS 5996
Provenienz: Unbefristete Leihgabe der Museumsstiftung, Zustiftung Max Oppel, München

Kat.-Nr. 22
Initiale E, 1863
Feder in Schwarz
204 × 280 mm
Inv.-Nr. GVS 5997
Provenienz: Unbefristete Leihgabe der Museumsstiftung, Zustiftung Max Oppel, München

Kat.-Nr. 23 (Abb. 18)
Mittelalterliche Burg am Meer, 1841
Bleistift, Aquarell
147 × 233 mm
u. l. monogr. und dat.
Inv.-Nr. GVS 5998
Provenienz: Unbefristete Leihgabe der Museumsstiftung, Zustiftung Max Oppel, München

Kat.-Nr. 24
Turm in Landschaft
Feder in Schwarz
58 × 77 mm
u. l. monogr. und dat.
Inv.-Nr. GVS 5999
Provenienz: Unbefristete Leihgabe der Museumsstiftung, Zustiftung Max Oppel, München

Kat.-Nr. 25 (Abb. 57)
Der alte Lyriker und der junge Goethe
Bleistift, Feder in Braun
233 × 288 mm
Beschriftung auf Blatt (recto) in der Darstellung in Bleistift (von fremder Hand?): Heyse / Geibel; u. M.: Dichtergruppe von Genelli entworfen, mit ganz neuen antiken Stellungen und Muskeln
Inv.-Nr. GVS 6000
Provenienz: Unbefristete Leihgabe der Museumsstiftung, Zustiftung Max Oppel, München

Kat.-Nr. 26 (Abb. 32)
Landschaft im Gebirge
Feder in Schwarz
35 × 113 mm (unregelmäßig)
Inv.-Nr. GVS 6001
Provenienz: Unbefristete Leihgabe der Museumsstiftung, Zustiftung Max Oppel, München

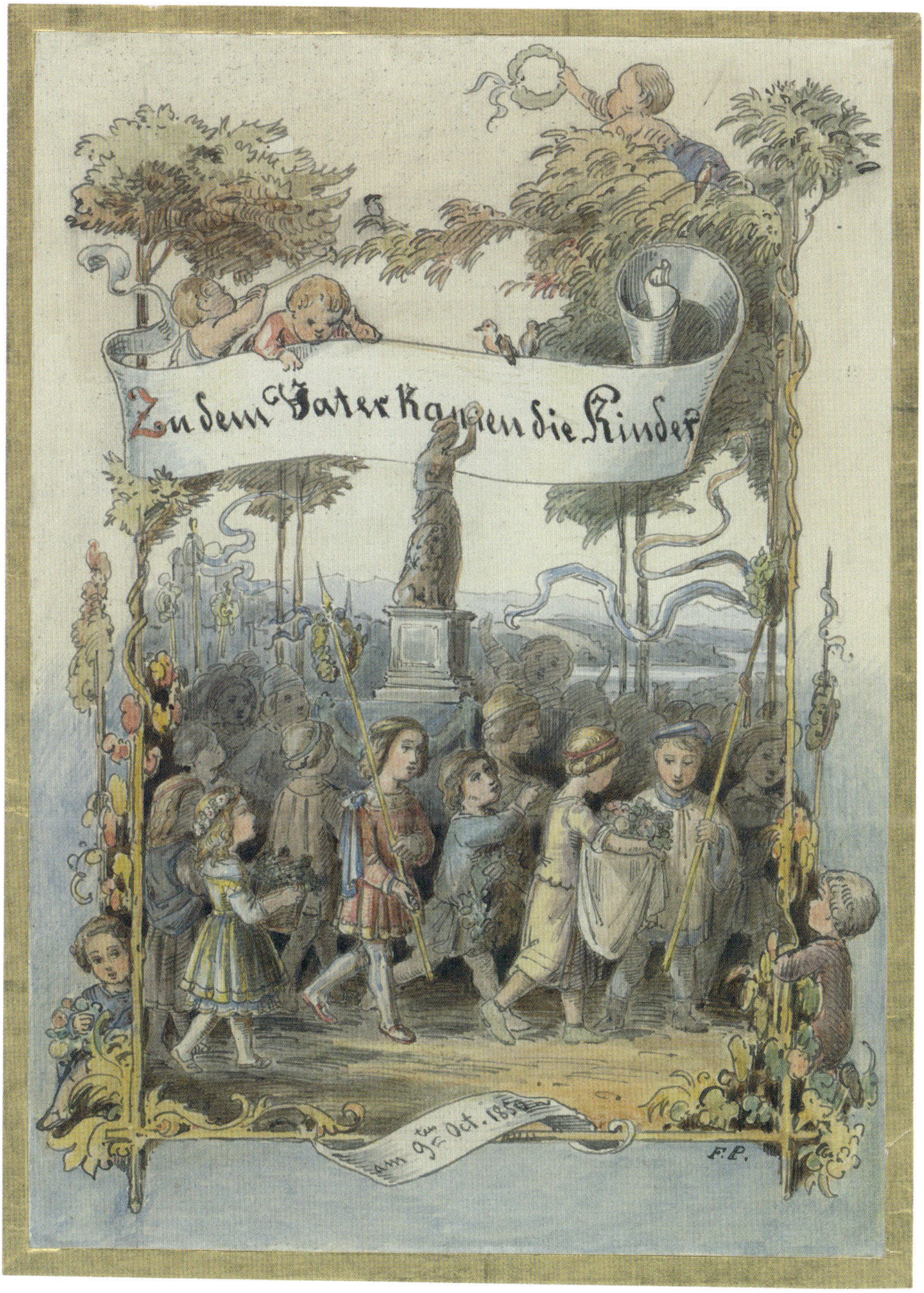

82 Zu dem Vater kamen die Kinder, 1850, Kat.-Nr. 123

Kat.-Nr. 27 (Abb. 12)
Phantastische Burg an einem See
Feder in Schwarz
100 × 167 mm
Inv.-Nr. GVS 6002
Provenienz: Unbefristete Leihgabe der Museumsstiftung, Zustiftung Max Oppel, München

Kat.-Nr. 28
Turm in weiter Landschaft
Feder in Schwarz
59 × 134 mm (unregelmäßig)
Inv.-Nr. GVS 6003
Provenienz: Unbefristete Leihgabe der Museumsstiftung, Zustiftung Max Oppel, München

Kat.-Nr. 29 (Abb. 60)
Wasserkünstler auf der Roseninsel, 1874
Feder in Braun, Aquarell
210 × 317 mm
Beschriftung auf Blatt (recto) u. M.: Roseninsel / Wasserkünstler 2. Juli 1874; o. r.: gemalt zu andächtiger Gedächtnis Jacob Martlhuber Maler und Anstreicher in Feldafing 2. Juli 1874; o. l.: 1427 (Feder in Schwarz)
Inv.-Nr. GVS 6004
Provenienz: Unbefristete Leihgabe der Museumsstiftung, Zustiftung Max Oppel, München

Kat.-Nr. 30
Initiale D mit dem Gedicht »Die Nacht ist stille …«
Feder in Braun, Aquarell
215 × 248 mm (links unregelmäßig)
Inv.-Nr. GVS 6005
Provenienz: Unbefristete Leihgabe der Museumsstiftung, Zustiftung Max Oppel, München

Kat.-Nr. 31
Wie der alte Ritter Julius mit seinen beiden Söhnen und in Begleitung zweier Ministerialräte in die Schlacht zieht, 1854
Bleistift, Aquarell
202 × 264 mm
u. l. dat.: 28/2 54
Beschriftung auf Blatt (recto) u.: Wie der alte Ritter Julius mit seinen beiden Söhnen u. in Begleitung zweier […?] Ministerialräte auf […?] Schlacht zieht (1854.)
Inv.-Nr. GVS 6006
Provenienz: Unbefristete Leihgabe der Museumsstiftung, Zustiftung Max Oppel, München

Kat.-Nr. 32
Mann mit Lanze vor Paketen, 1854
Bleistift, Aquarell
146 × 136 mm
im Paket dat.: 6. Jan.r / 1854
Beschriftung auf Blatt (recto) o. l.: 633 v; u.: Jedwedem Verdienste sein Lohn!
Inv.-Nr. GVS 6007
Provenienz: Unbefristete Leihgabe der Museumsstiftung, Zustiftung Max Oppel, München

Kat.-Nr. 33
Neujahrsaufwartung 1852, 1852
Bleistift, Aquarell
220 × 178 mm
Beschriftung auf Blatt (recto) o. l.: 540; u.: das Oberconsistorium im neuen Waffenrock.

Inv.-Nr. GVS 6008
Provenienz: Unbefristete Leihgabe der Museumsstiftung, Zustiftung Max Oppel, München

Kat.-Nr. 34
Franzl wird in die Akademie eingeführt, 1842
Bleistift, Aquarell
169 × 196 mm
Beschriftung auf Blatt (recto) o. r.: 75 v; u. M.: Franzl als ordentliches Mitglied von den Vorständen in die Akademie eingeführt; u. r.: 19. Nov. 42 (Diner b. Ott)
Inv.-Nr. GVS 6009
Provenienz: Unbefristete Leihgabe der Museumsstiftung, Zustiftung Max Oppel, München

Kat.-Nr. 35
Vier Jäger und ein Hase, 1852
Bleistift, Aquarell
160 × 270 mm
u. r. dat.: 24/5 52
Beschriftung auf Blatt (recto) o. r.: 537 v; o.: der Solohase stirbt in dem […?] Ritter vom gräflichen Leibgefolge bei Ried am Am[mit Strich darüber]ersee
Inv.-Nr. GVS 6010
Provenienz: Unbefristete Leihgabe der Museumsstiftung, Zustiftung Max Oppel, München

Kat.-Nr. 36 (Abb. Umschlag Rückseite)
Grausame Moritaten oder wie der Pasquillant totgeschlagen wird, 1850
Bleistift, Aquarell
130 × 132 mm
Beschriftung auf Blatt (recto) o. l.: v 446; u.: Grausame Morithaten oder wie der Pasquillant todt geschlagen wird, in drei Darstellungen / 1850 [Philipp von Foltz, Pocci, Franz von Kobell]
Inv.-Nr. GVS 6011
Provenienz: Unbefristete Leihgabe der Museumsstiftung, Zustiftung Max Oppel, München

Kat.-Nr. 37 (Abb. 37)
Bildergeschichte mit erntenden Kindern
Feder in Braun und Schwarz
145 × 215 mm
Inv.-Nr. GVS 6012
Provenienz: Unbefristete Leihgabe der Museumsstiftung, Zustiftung Max Oppel, München

Kat.-Nr. 38
Horn blasender Jäger
Feder in Blau, Bleistift, Aquarell
176 × 249 mm
Inv.-Nr. GVS 6013
Provenienz: Unbefristete Leihgabe der Museumsstiftung, Zustiftung Max Oppel, München

Kat.-Nr. 39 (Abb. 16)
Phantastisches Schloss
Feder in Braun
115 × 193 mm
u.: F Pocci
Passepartoutnotiz: 309 Pocci; Passepartoutnotiz (verso): 500.–; Prägesignatur »Franz v. Pocci (1807–1874); Tuschezeichnung
Inv.-Nr. GVS 6014
Provenienz: Unbefristete Leihgabe der Museumsstiftung, Zustiftung Max Oppel, München

Kat.-Nr. 40 (Abb. 61)
Seit gestern vierspännig!, 1853
Feder in Braun
217 × 272 mm
Beschriftung auf Blatt (recto) r.: Gf. Quadt; u. M.: Seit gestern vierspännig!; u. r.: 5. Febr. 1853. 9 [?]
Inv.-Nr. GVS 6015
Provenienz: Unbefristete Leihgabe der Museumsstiftung, Zustiftung Max Oppel, München

Kat.-Nr. 41
Baron Pfordtens ministerieller Spazierritt
Bleistift, Aquarell
187 × 237 mm
Beschriftung auf Blatt (recto) auf der Mappe: Portfeuill der inwendigen und auswendigen Angelegenheiten; u. M.: Hui, von mir kann man doch sagen, daß ich fest sitze!
Inv.-Nr. GVS 6016
Provenienz: Unbefristete Leihgabe der Museumsstiftung, Zustiftung Max Oppel, München

Kat.-Nr. 42
Rutschender Bergmann
Bleistift, Aquarell
144 × 161 mm
Beschriftung auf Blatt (recto) auf der Schriftrolle: Dispens
Inv.-Nr. GVS 6017
Provenienz: Unbefristete Leihgabe der Museumsstiftung, Zustiftung Max Oppel, München

Kat.-Nr. 43 (Abb. 62)
Der Chemiker Schafhäutl
Bleistift, Aquarell
315 × 203 mm
Beschriftung auf Blatt (recto) o. r.: 76. / v [oder Haken] / u. l.: Der Chemiker Schafhäutl lässt den Franzl in Dämpfe aufgehen
Inv.-Nr. GVS 6018
Provenienz: Unbefristete Leihgabe der Museumsstiftung, Zustiftung Max Oppel, München

Kat.-Nr. 44
Der Direktor als Bräutigam, 1842
Bleistift, Aquarell
197 × 148 mm
Beschriftung auf Blatt (recto) o. r.: 74. / V [oder Haken]; darunter: Der Director / als / Bräutigam; u. r: 9. Apr: 42 (Diner b Juneau [?]
Inv.-Nr. GVS 6019
Provenienz: Unbefristete Leihgabe der Museumsstiftung, Zustiftung Max Oppel, München

Kat.-Nr. 45 (Abb. 83)
Epimenides aus Kreta, 1852
Bleistift, Aquarell
216 × 172 mm
Beschriftung auf Blatt (recto) o. l.: 5 [oder: d?] 38 / V; or. r.: 24/5 52; u. M.: Epimenides aus Kreta [Prof. Dr. Franz Christoph von Rothmund (1801–1891)]
Inv.-Nr. GVS 6020
Provenienz: Unbefristete Leihgabe der Museumsstiftung, Zustiftung Max Oppel, München

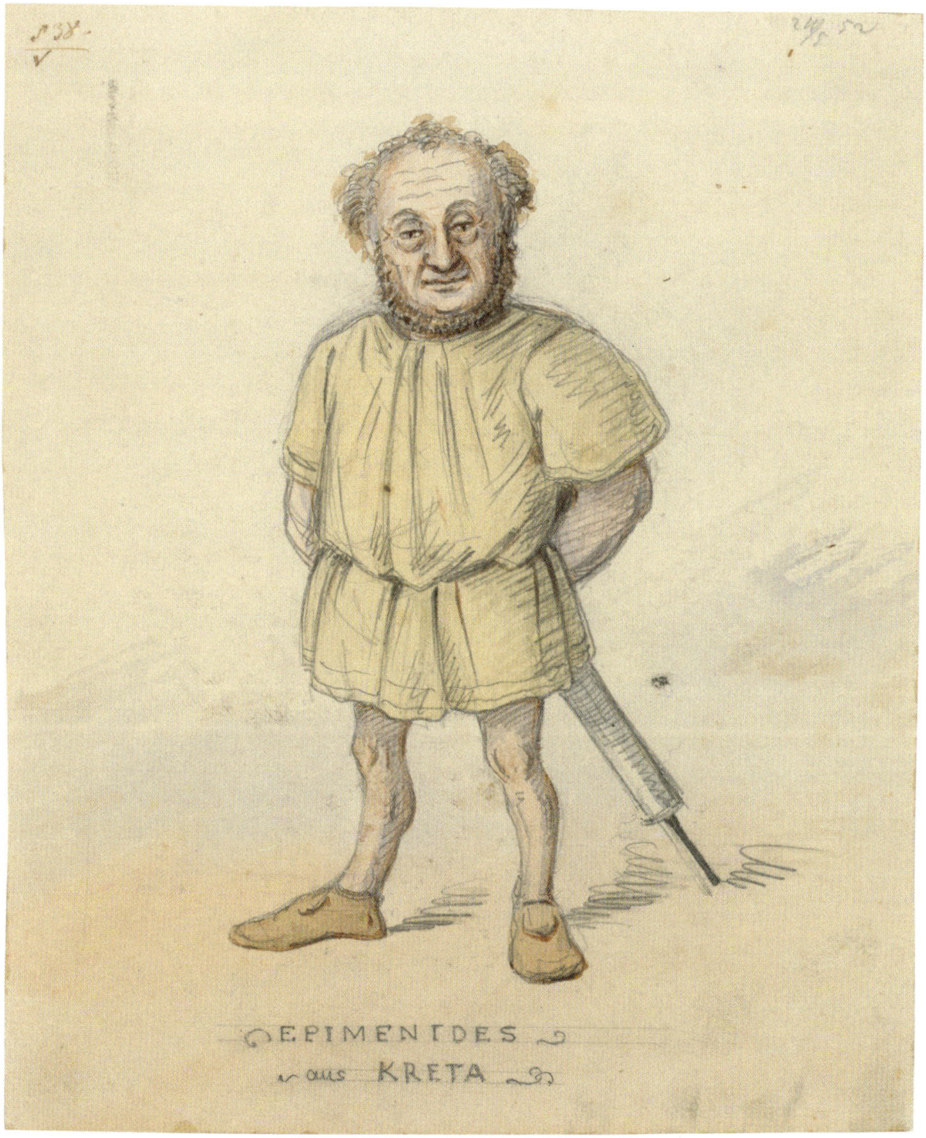

83 Epimenides aus Kreta, 1852, Kat.-Nr. 45

Kat.-Nr. 46
Liebig entwickelt aus der Retorte Gase
Kreide
338 × 213 mm
Signatur u. l.: Pocci
Beschriftung auf Blatt (recto) o.: Liebig entwickelt aus der Retorte Gase
Inv.-Nr. GVS 6021
Provenienz: Unbefristete Leihgabe der Museumsstiftung, Zustiftung Max Oppel, München

Kat.-Nr. 47
Graf Butlar
Bleistift
320 × 205 mm
Signatur u. l.: Pocci
Beschriftung auf Blatt (recto) u. l.: Gf Butla / Pocci; M. r.: [schwer lesbar]
Inv.-Nr. GVS 6022
Provenienz: Unbefristete Leihgabe der Museumsstiftung, Zustiftung Max Oppel, München

Kat.-Nr. 48 (Abb. 63)
Baron Pöllnitz
Bleistift
337 × 214 mm
Signatur u. l.: Pocci
Beschriftung auf Blatt (recto) o. l.: Eichelober; u. l.: B. Pöllnitz
Inv.-Nr. GVS 6023
Provenienz: Unbefristete Leihgabe der Museumsstiftung, Zustiftung Max Oppel, München

Kat.-Nr. 49 (Abb. 7)
Selbstporträt
Bleistift
348 × 215 mm
Inv.-Nr. GVS 6024
Provenienz: Unbefristete Leihgabe der Museumsstiftung, Zustiftung Max Oppel, München

Kat.-Nr. 50 (Abb. 64)
Baron Mirbach
Bleistift
363 × 220 mm
Signatur u. l.: Pocci
Beschriftung auf Blatt (recto) u. l.: B. Mirbach
Inv.-Nr. GVS 6025
Provenienz: Unbefristete Leihgabe der Museumsstiftung, Zustiftung Max Oppel, München

Kat.-Nr. 51
Graf Arco-Valley
Bleistift
337 × 204 mm
Signatur u. l.: Pocci
Beschriftung auf Blatt (recto) u. l.: Gf Arco Valley
Inv.-Nr. GVS 6026
Provenienz: Unbefristete Leihgabe der Museumsstiftung, Zustiftung Max Oppel, München

Kat.-Nr. 52
Graf Vieregg
Bleistift
320 × 204 mm
Signatur u. l.: Pocci
Beschriftung auf Blatt (recto) u. l.: Gf Vieregg.
Inv.-Nr. GVS 6027
Provenienz: Unbefristete Leihgabe der Museumsstiftung, Zustiftung Max Oppel, München

Kat.-Nr. 53 (Abb. 66)
Graf Lerchenfeld
Bleistift
320 × 204 mm
Beschriftung auf Blatt (recto) u. l.:
Gf. Lerchenfeld
Inv.-Nr. GVS 6028
Provenienz: Unbefristete Leihgabe der Museumsstiftung, Zustiftung Max Oppel, München

Kat.-Nr. 54
Graf Taufkirchen; verso: derselbe
Bleistift
320 × 204 mm
Beschriftung auf Blatt (recto) u. l.:
Gf Taufkirchen
Inv.-Nr. GVS 6029
Provenienz: Unbefristete Leihgabe der Museumsstiftung, Zustiftung Max Oppel, München

Kat.-Nr. 55 (Abb. 68)
Dingelstedt und Gemahlin; verso: Kopf
Bleistift
320 × 204 mm
Beschriftung auf Blatt (recto) M. l.:
& Gemahlin; M. r.: Dingelstedt
Inv.-Nr. GVS 6030
Provenienz: Unbefristete Leihgabe der Museumsstiftung, Zustiftung Max Oppel, München

Kat.-Nr. 56 (Abb. 65)
Graf Reigersberg
Bleistift
362 × 222 mm
Beschriftung auf Blatt (recto) u. der Darstellung l.: Gf Reigersberg
Inv.-Nr. GVS 6031
Provenienz: Unbefristete Leihgabe der Museumsstiftung, Zustiftung Max Oppel, München

Kat.-Nr. 57
Graf Pocci; verso: Graf Blome
Bleistift
348 × 214 mm
verso u. l.: Pocci
Beschriftung auf Blatt (recto) u. r.:
Gf Pocci; Beschriftung auf Blatt (verso) M. l.: Gf Blome
Inv.-Nr. GVS 6032
Provenienz: Unbefristete Leihgabe der Museumsstiftung, Zustiftung Max Oppel, München

Kat.-Nr. 58
Graf Hompesch
Bleistift
337 × 214 mm
u. r.: Pocci
Beschriftung auf Blatt (recto) u. l.:
Gf Hompesch
Inv.-Nr. GVS 6033
Provenienz: Unbefristete Leihgabe der Museumsstiftung, Zustiftung Max Oppel, München

Kat.-Nr. 59
Graf Stauffenberg auf dem Präsidentenstuhl mit der Glocke; verso: Graf Maldeghem
Bleistift
340 × 218 mm
u. r.: Pocci
Beschriftung auf Blatt (recto) u. l.:
Gf Stauffenberg; u. M.: auf dem Präsidentenstuhl / mit der - Glocke.
Beschriftung auf Blatt (verso) u. l.:

Gf Maldeghem; u. r. bez.: Arrondirungsgesetz mit Expropriation
Inv.-Nr. GVS 6034
Provenienz: Unbefristete Leihgabe der Museumsstiftung, Zustiftung Max Oppel, München

Kat.-Nr. 60 (Abb. 67)
Graf Vieregg
Bleistift
337 × 213 mm
Signatur u. l.: Pocci
Beschriftung auf Blatt (recto) u. l: Gf Viregg; im Bild bez.: Bräupfanne
Inv.-Nr. GVS 6035
Provenienz: Unbefristete Leihgabe der Museumsstiftung, Zustiftung Max Oppel, München

Kat.-Nr. 61 (Abb. 1)
Graf Pocci
Bleistift
320 × 205 mm
Beschriftung auf Blatt (recto) u. l: Gf Pocci
Inv.-Nr. GVS 6036
Provenienz: Unbefristete Leihgabe der Museumsstiftung, Zustiftung Max Oppel, München

Kat.-Nr. 62 (Abb. 6)
Graf Pocci geht zum Diner bei Quadt; verso: Graf Reigersberg, 1861
Bleistift
340 × 218 mm
Beschriftung auf Blatt (recto) u. l: Gf Pocci; darüber: geht an seinem 54 Geburtstag zum Diner bei Quadt
Beschriftung auf Blatt (verso) u. l.: Gf T[?]reigersberg / Das ist doch fatal / das die […?] So schnell […?] / weil […?] Quadt / […?] gekauft
Inv.-Nr. GVS 6037
Provenienz: Unbefristete Leihgabe der Museumsstiftung, Zustiftung Max Oppel, München

Kat.-Nr. 63
Brief mit Bildinitiale, 1862
Feder in Braun
219 × 142 mm
Beschriftung auf Blatt (recto): Darf ich dich bitten lieber Freund, mir meine zwanglosen […?] Aegyptiana recht eines Tags zuzuschicken, wenn du davon nicht mehr bedarfst! / Mit bestem Gruße / Dein Pocci / 10/1 62
Inv.-Nr. GVS 6038
Provenienz: Unbefristete Leihgabe der Museumsstiftung, Zustiftung Max Oppel, München

Kat.-Nr. 64 (Abb. 85)
Pantalon als Brillenschleifer, 1857
Feder in Braun, Aquarell
273 × 147 mm
Beschriftung auf Blatt (recto) o. l.: Pantalon als / Brillenschleifer / (Pantomime); o. r.: 820; u. r.: 12/2 57.
Inv.-Nr. GVS 6039
Provenienz: Unbefristete Leihgabe der Museumsstiftung, Zustiftung Max Oppel, München

Kat.-Nr. 65 (Abb. 59)
David und Bathseba im »Wildpad«, 1867
Bleistift, Feder in Braun, Aquarell
218 × 137 mm
Beschriftung auf Blatt (recto) in der

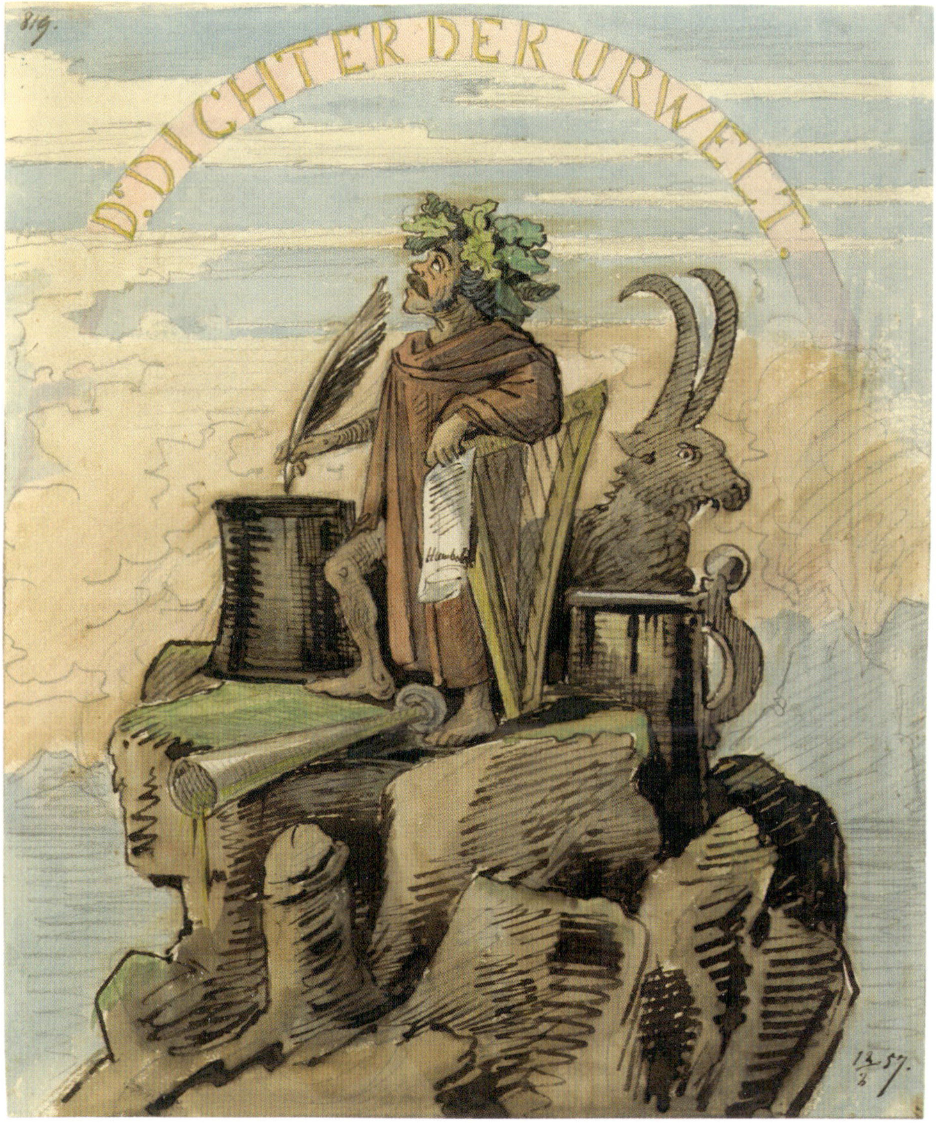

84 Dichter der Urwelt, 1857, Kat.-Nr. 67

Darstellung: David / Wildpad / Bathseba; u.: alter seltener Holzschnitt, über dessen Erklärung die Kunstforscher noch nicht einig sind. 17/7 67.
Inv.-Nr. GVS 6040
Provenienz: Unbefristete Leihgabe der Museumsstiftung, Zustiftung Max Oppel, München

Kat.-Nr. 66 (Abb. 35)
Humpen und Zwerge
Bleistift, Aquarell
174 × 145 mm (unregelmäßig ausgeschnitten)
Inv.-Nr. GVS 6041
Provenienz: Unbefristete Leihgabe der Museumsstiftung, Zustiftung Max Oppel, München

Kat.-Nr. 67 (Abb. 84)
Dichter der Urwelt, 1857
Bleistift, Feder in Braun, Aquarell
268 × 217 mm
Beschriftung auf Blatt (recto) o. l.: D: Dichter der Urwelt / 819.; auf dem Zettel: Humbold; u. r.: 12/3 57.
Inv.-Nr. GVS 6042
Provenienz: Unbefristete Leihgabe der Museumsstiftung, Zustiftung Max Oppel, München

Kat.-Nr. 68 (Abb. 11)
Phantastisches Schloss an einem Gebirgssee
Feder in Braun
256 × 215 mm
Inv.-Nr. GVS 6043
Provenienz: Unbefristete Leihgabe der Museumsstiftung, Zustiftung Max Oppel, München

Kat.-Nr. 69
Skizzenblattfragment; verso: angeschnittene Skizzen
Feder in Braun
98 × 75 mm
Inv.-Nr. GVS 6044
Provenienz: Unbefristete Leihgabe der Museumsstiftung, Zustiftung Max Oppel, München

Kat.-Nr. 70
Gloria (sitzendes Jesuskind mit drei Putti)
Bleistift, Feder in Blau
70 × 42 mm
Inv.-Nr. GVS 6045
Provenienz: Unbefristete Leihgabe der Museumsstiftung, Zustiftung Max Oppel, München

Kat.-Nr. 71 (Abb. 34)
Der Sänger, 1846
Bleistift, Feder in Braun
309 × 225 mm
u. r. monogr. und dat.
Beschriftung auf Blatt (recto): zog ein Sänger fröhlich aus / über Berg und Heide / hat er auf der ganzen Welt / innig seine Freude
Passepartoutnotiz: 429 A / W 9
Inv.-Nr. GVS 6046
Provenienz: Unbefristete Leihgabe der Museumsstiftung, Zustiftung Max Oppel, München

Kat.-Nr. 72 (Abb. 15)
Reiter im Galopp vor See und Burg
Feder in Braun und Blau, laviert, gerändert
23 × 110 mm

Trägerkarton: 26 × 113 mm
Inv.-Nr. GVS 6047
Provenienz: Unbefristete Leihgabe der Museumsstiftung, Zustiftung Max Oppel, München

Kat.-Nr. 73 (Abb. 14)
Schloss vor See und Gebirge
Feder in Braun und Blau, laviert, gerändert
26 × 113 mm
Trägerkarton: 29 × 116 mm
Inv.-Nr. GVS 6048
Provenienz: Unbefristete Leihgabe der Museumsstiftung, Zustiftung Max Oppel, München

Kat.-Nr. 74 (Abb. 78)
Ludwig Graf von Otting (alte Zuschreibung: Franz Graf von Pocci)
Ein Mann bekommt von einer Frau einen Hut aufgesetzt
Feder in Braun, Aquarell
224 × 154 mm
Beschriftung auf Blatt (recto) o. l.: 1534.; u. M.: So Nanerl [?], sitz meine Haubn / z'recht. gute Nacht meine Herrn!
Inv.-Nr. GVS 6049
Provenienz: Unbefristete Leihgabe der Museumsstiftung, Zustiftung Max Oppel, München

Kat.-Nr. 75 (Abb. 77)
Ludwig Graf von Otting (alte Zuschreibung: Franz Graf von Pocci)
Der neue Dr. Jubilar
Feder in Braun, Aquarell
240 × 159 mm
Beschriftung auf Blatt (recto) o. l.: 1535; u. M.: Der neue Dr. Jubilar
Inv.-Nr. GVS 6050
Provenienz: Unbefristete Leihgabe der Museumsstiftung, Zustiftung Max Oppel, München

Kat.-Nr. 76 (Abb. 74)
Ludwig Graf von Otting (alte Zuschreibung: Franz Graf von Pocci)
Szene beim Friseur
Feder in Braun, Aquarell
239 × 166 mm
Beschriftung auf Blatt (recto) o. l.: 1537; u. M.: Meine Herren! Schon als […?]stift war ich so großer Haarkünstler, daß ich jedem Pariser Friseur ein Duplé [= doublé?] vorgab
Inv.-Nr. GVS 6051
Provenienz: Unbefristete Leihgabe der Museumsstiftung, Zustiftung Max Oppel, München

Kat.-Nr. 77 (Abb. 13)
Burg vor Bergsilhouette
Feder in Braun
120 × 294 mm (unregelmäßig)
Unterlage: 155 × 309 mm (braunes Papier)
Inv.-Nr. GVS 6052
Provenienz: Unbefristete Leihgabe der Museumsstiftung, Zustiftung Max Oppel, München

Kat.-Nr. 78 (Abb. 36)
Zwergenkönig mit Gefolge
Feder in Grau
242 × 78 mm

u. r. monogr.: F.P.
Inv.-Nr. GVS 6053
Provenienz: Unbefristete Leihgabe der Museumsstiftung, Zustiftung Max Oppel, München

Kat.-Nr. 79 (Abb. 52)
Kaiser Barbarossa erwacht, 1859
Feder in Braun und Blau, laviert, Aquarell, weiß gehöht
282 × 394 mm
u. M.: F pocci 1859
Beschriftung auf Blatt (recto) u. l.: Auf, auf! Hört Ihr's im Untersberg? / Auf, auf! In's Heerhorn stößt der Zwerg. / Der alte Kaiser ist erwacht, / Und ruft euch aus des Schlafes Nacht!
Inv.-Nr. GVS 6054
Provenienz: Unbefristete Leihgabe der Museumsstiftung, Zustiftung Max Oppel, München

Kat.-Nr. 80 (Abb. 53)
Kaiser Barbarossa fällt wieder in Schlaf; verso: Skizze zum gleichen Bild, 1860
Feder in Braun und Blau, laviert, Aquarell; verso: Bleistift, Feder in Braun
293 × 416 mm
u. M. monogr.
Beschriftung auf Blatt (recto) o. M.: Schlaf, alter Kaiser nur immer zu, / Nichts störet deine Heldenruh', / Umsonst war deines Heerhorns Schall, / Vergebens mächt'gen Rufes Hall, / Ihr Mannen alle, Groß und Klein, / hört's: nie mehr soll ein Deutschland seyn!? / 1860
Inv.-Nr. GVS 6055
Provenienz: Unbefristete Leihgabe der Museumsstiftung, Zustiftung Max Oppel, München

Kat.-Nr. 81 (Abb. 55)
Das Ende der Romantik, 1858
Feder in Braun, laviert
287 × 403 mm
u. l. monogr. und dat.: 18FP58
Inv.-Nr. GVS 6056
Provenienz: Unbefristete Leihgabe der Museumsstiftung, Zustiftung Max Oppel, München

Kat.-Nr. 82 (Abb. 72)
Ludwig Graf von Otting
Anglia Album, 1879
Feder in Braun, Aquarell
389 × 270 mm
u. r.: L. Ott 1879
Beschriftung auf Blatt (recto) o. r.: 1533 [darüber:] 1
Inv.-Nr. GVS 6057
Provenienz: Dauerleihgabe Museumsstiftung, Zustiftung Max Oppel, München

Kat.-Nr. 83 (Abb. 80)
Ludwig Graf von Otting
Anglia's Agrarier Tribun bei der Berliner Wanderversammlung im Januar 1880, 1880
Feder in Braun, Aquarell
242 × 322 mm
u. r.: L. Otting 1880
Beschriftung auf Blatt (recto) u. l.: Anglia's Agraer Tribun bei der Berliner Wanderversammlung im Januar 1880; u. r.: 1545 [?]
Inv.-Nr. GVS 6058
Provenienz: Dauerleihgabe Museumsstiftung, Zustiftung Max Oppel, München

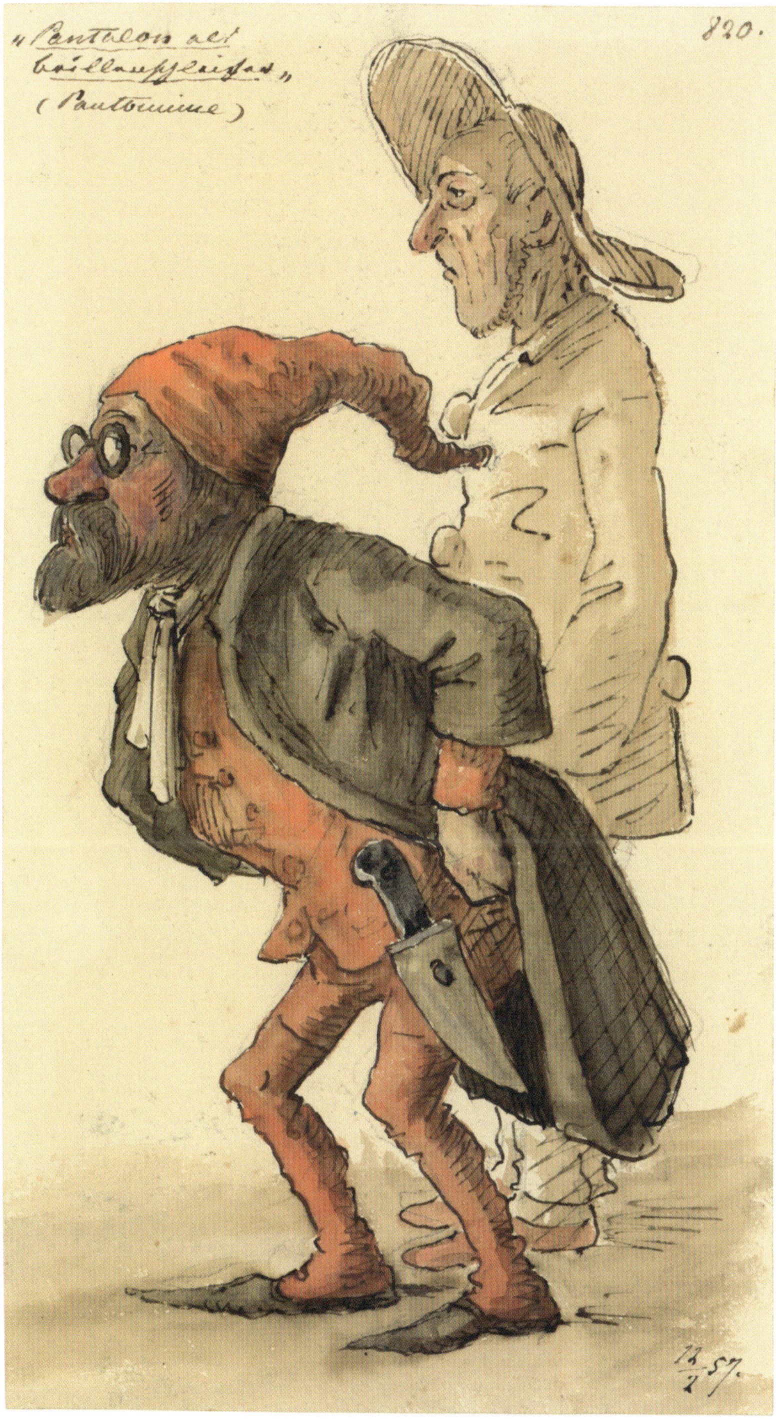

85 Pantalon als Brillenschleifer, 1857, Kat.-Nr. 64

Kat.-Nr. 84 (Abb. 71)
Ludwig Graf von Otting
Mephistos Lied
Feder in Braun, Aquarell
231 × 302 mm
Beschriftung auf Blatt (recto) u. r.: Hans Markart
Inv.-Nr. GVS 6059
Provenienz: Dauerleihgabe Museumsstiftung, Zustiftung Max Oppel, München

Kat.-Nr. 85 (Abb. 76)
Ludwig Graf von Otting
Drei echte Grenadiere, 1880
Feder in Braun, Aquarell
231 × 179 mm
Trägerkarton: 261 × 191 mm
u. r.: L. Otting 1880
Beschriftung auf Blatt (recto) o. r.: 1549; u. M.: Gellens Herr Professor wir 3 sind doch echte Grenadiere
Inv.-Nr. GVS 6060
Provenienz: Dauerleihgabe Museumsstiftung, Zustiftung Max Oppel, München

Kat.-Nr. 86 (Abb. 75)
Ludwig Graf von Otting
Ballszene, 1880
Feder in Braun, Aquarell
231 × 179 mm
Trägerkarton: 261 × 191 mm
u. r.: L. Otting 1880
Beschriftung auf Blatt (recto) o. l.: 1548; u. l.: I' kann anziehen, was i mag!
Inv.-Nr. GVS 6061
Provenienz: Dauerleihgabe Museumsstiftung, Zustiftung Max Oppel, München

Kat.-Nr. 87 (Abb. 79)
Ludwig Graf von Otting
Der Eremit verkauft seine alte Burg und zieht mit Sack und Pack ab, 1879
Feder in Braun, Aquarell
246 × 167 mm
u. r.: L. Otting fe. 1879.
Beschriftung auf Blatt (recto) o. r.: 1538; u. l.: Der Eremit verkauft seine alte Burg und / zieht mit Sack und Pack ab!
Inv.-Nr. GVS 6062
Provenienz: Dauerleihgabe Museumsstiftung, Zustiftung Max Oppel, München

Kat.-Nr. 88 (Abb. 58)
8. Februar 1848 (Lola Montez), 1848
Feder in Schwarz, aquarelliert, über Vorzeichnung mit Bleistift
282 × 187 mm
Beschriftung auf Blatt (recto) in der Darstellung: 8. Febr. 1848
Inv.-Nr. 2018:100 Z
Provenienz: Sachzuwendung Max Oppel, München, 2018

Kat.-Nr. 89
Jubiläum
Bleistift, Aquarell, Deckfarbe
270 × 199 mm
Beschriftung auf Blatt (recto) o. l.: 288.
Inv.-Nr. 2018:106 Z
Provenienz: Sachzuwendung Prof. Dr. Georg Jäger, München, 2018

Kat.-Nr. 90 (Abb. 33)
Zukunft
Bleistift, Feder in Blau, Aquarell
265 × 366 mm

Beschriftung auf Blatt (recto) in der Darstellung: Zukunft; Beschriftung auf Blatt (verso): … [?] Prof. Dr. Holland
Inv.-Nr. 1906:269 Z
Provenienz: Ankauf Prof. Dr. Hyacinth Holland, 1906

Kat.-Nr. 91 (Abb. 9)
Ein Leichenzug (Poccis Leichenzug)
Feder in Braun, Pinsel in Schwarz
96 × 339 mm
auf dem Sarg monogr.: F. P.
Inv.-Nr. 1908:85 Z
Provenienz: Ankauf Prof. Dr. Hyacinth Holland, 1908

Kat.-Nr. 92 (Abb. 10)
Burg in Landschaft
Feder in Braun
92 × 201 mm
o. r.: F. P
Beschriftung auf Blatt (recto) u. M. auf einem auf den Untersatzkarton montierten Papier: Und hätt' ich wohl an hundert Händ / Mit Burgen käm' ich nie zu End!
Inv.-Nr. 1908:88 Z
Provenienz: Ankauf Prof. Dr. Hyacinth Holland, 1908

Kat.-Nr. 93 (Abb. 17)
Burg an einem See
Feder in Dunkelbraun
289 × 189 mm
Inv.-Nr. 1908:89 Z
Provenienz: Ankauf Prof. Dr. Hyacinth Holland, 1908

Kat.-Nr. 94 (Abb. 38)
Vorzeichnung zu König Drosselbart, 1858
Bleistift, Feder in Braun
99 × 200 mm
Beschriftung auf Blatt (recto) u. M.: Koenig Drosselbart
Inv.-Nr. 1908:93 Z
Provenienz: Ankauf Prof. Dr. Hyacinth Holland, 1908

Kat.-Nr. 95 (Abb. 39)
Vorzeichnung zu König Drosselbart, 1858
Bleistift, Feder in Braun
87 × 201 mm
Inv.-Nr. 1908:94 Z
Provenienz: Ankauf Prof. Dr. Hyacinth Holland, 1908

Kat.-Nr. 96 (Abb. 40)
Vorzeichnung zu König Drosselbart, 1858
Bleistift, Feder in Braun
88 × 200 mm
Inv.-Nr. 1908:95 Z
Provenienz: Ankauf Prof. Dr. Hyacinth Holland, 1908

Kat.-Nr. 97 (Abb. 41)
Vorzeichnung zu König Drosselbart, 1858
Bleistift, Feder in in Braun
102 × 199 mm
u. M. monogr.: FP
Inv.-Nr. 1908:96 Z
Provenienz: Ankauf Prof. Dr. Hyacinth Holland, 1908

Kat.-Nr. 98 (Abb. 56)
Orgie à la Genelli, um 1867
Bleistift, Feder in Braun
219 × 289 mm
Beschriftung auf Blatt (recto) u. r.: Orgie Genelli
Inv.-Nr. 1913:226 Z
Provenienz: Ankauf Geheimer Hofrat Emil von Lange, München, 1913

Kat.-Nr. 99 (Abb. 2)
Das Pocci-Schlössl am Starnberger See
Feder in Schwarz, Aquarell
223 × 142 mm
Inv.-Nr. 1950:26 Z
Provenienz: Ankauf Klostermann, München, Leintalerstr. 11, am 2.11.50

Kat.-Nr. 100 (Abb. 24)
Berghang mit Gehöft und Bäumen
Feder in Schwarz, Bleistift
202 × 300 mm
Inv.-Nr. 1950:28 Z
Provenienz: Ankauf Klostermann, München, Leintalerstr. 11, am 2.11.1950

Kat.-Nr. 101 (Abb. 73)
Der neue Lord wird in Possenhofen vom Lordherold abgeholt, 1869
Feder in Grau, aquarelliert, über Vorzeichnung mit Bleistift
155 × 348 mm
Beschriftung auf Blatt (recto) o. l.: 10. / Der neue Lord [Karl Theodor in Bayern] wird in Possenhofen vom Lordherold [Philipp von Foltz] abgeholt, der Ihn auf seinem Schnellsegler / mit sicherer Hand das Steuer führend, übersetzt.
Ein Nereide [Pocci] des See's gleitet / vor dem Schiffe und spielt auf seiner Chelys zarte Weisen.; o. r.: 1254.; u. r.: 1/7 69
Inv.-Nr. 1969:15 Z
Provenienz: Ankauf Martin Schneider, München, 1969
Literatur: Wolter, S. 121

Kat.-Nr. 102 (Abb. 8)
Pocci als Regisseur und Kasperl empfängt ein Manuskript von Lord Koch, 1865
Feder in Braun, Aquarell über Vorzeichnung mit Bleistift, Collage eines Zeitungsausschnitts
180 × 225 mm
Beschriftung auf Blatt (recto) o. l.: 1132.; u. r. dat.: 17/12 65.
Inv.-Nr. 1969:28 Z
Provenienz: Ankauf Martin Schneider, München, 1969
Literatur: Wolter, S. 19

Kat.-Nr. 103 (Abb. 19)
Ascagnano, wohl 1851
Aquarell über Bleistift
118 × 198 mm
Beschriftung auf Blatt (verso) mit Bleistift: Ascagnano
Inv.-Nr. 21781 Z
Provenienz: Nachlass König Ludwigs I. von Bayern, 1868
Literatur: Deutsche Künstler um Ludwig I. in Rom, Ausst.-Kat. München, Neue Pinakothek, bearb. von Gisela Scheffler, München 1981, S. 70, Abb. 76

Kat.-Nr. 104 (Abb. 20)
Villa an einem See (Salò), 1851
Aquarell
145 × 207 mm

u. r. monogr. u. dat.: Salo [?] / 15/5 1851 [?] F. P.
Inv.-Nr. 21808 Z
Provenienz: Nachlass König Ludwig I. von Bayern, 1868

Kat.-Nr. 105 (Abb. 30)
Kleine Landschaft (Madegger Weg in Münsing)
Bleistift, Feder in Braun, Aquarell
71 × 129 mm
Beschriftung auf Blatt (recto) u. l.: Madegger
Inv.-Nr. 38859 Z
Provenienz: Schenkung Marie Gräfin von Pocci, 1904

Kat.-Nr. 106 (Abb. 31)
Kleine Landschaft
Bleistift, Aquarell
56 × 135 mm
Inv.-Nr. 38860 Z
Provenienz: Schenkung Marie Gräfin von Pocci, 1904

Kat.-Nr. 107 (Abb. 25)
Scheune und Feld
Feder in Braun
85 × 120 mm
Inv.-Nr. 38862 Z
Provenienz: Schenkung Marie Gräfin von Pocci, 1904

Kat.-Nr. 108 (Abb. 28)
Kleine Landschaft mit See und Bergen
Feder in Braun
89 × 239 mm
Inv.-Nr. 38863 Z
Provenienz: Schenkung Marie Gräfin von Pocci, 1904

Kat.-Nr. 109 (Abb. 29)
Ammerland, 1871
Bleistift, Aquarell
92 × 164 mm
Beschriftung auf Blatt (recto) u. r.: Amerland [?] 30/5 71 [darunter eine Skizze]
Inv.-Nr. 38864 Z
Provenienz: Schenkung Marie Gräfin von Pocci, 1904

Kat.-Nr. 110 (Abb. 22)
Stadtmauer in Nürnberg
Bleistift, Gouache
130 × 218 mm
Beschriftung auf Blatt (recto) u. r.: Nrnbrg.
Inv.-Nr. 38865 Z
Provenienz: Schenkung Marie Gräfin von Pocci, 1904

Kat.-Nr. 111 (Abb. 23)
Bei Berchtesgaden
Bleistift
198 × 262 mm
Beschriftung auf Blatt (recto) u. l.: Berchtesgaden
Inv.-Nr. 38866 Z
Provenienz: Schenkung Marie Gräfin von Pocci, 1904

Kat.-Nr. 112 (Abb. 51)
Martyrium des Hl. Johann Nepomuk; Vorlage für Photographie
Bleistift, Feder und Pinsel in Braun, Deckweiß
211 × 277 mm
Inv.-Nr. 38867 Z
Provenienz: Schenkung Marie Gräfin von Pocci, 1904

Kat.-Nr. 113 (Abb. 26)
Gebirgslandschaft mit Wetterstein (Alpspitze, Zugspitze, Waxenstein) bei Garmisch-Partenkirchen; verso: Landschaftsskizze
Bleistift, Feder in Schwarz, Aquarell; verso: Bleistift
330 × 453 mm
Inv.-Nr. 41033 Z
Provenienz: Überstellung vom Bayerischen Nationalmuseum, 1921, aus der Aretinschen Sammlung

Kat.-Nr. 114 (Abb. 4)
Franz-Hanfstaengl-Kunstverlagsanstalt
Franz Graf von Pocci
Photographie
Darstellung: 95 × 58 mm
Unterlage: 102 × 66 mm
Inv.-Nr. 1935:1743 D
Provenienz: Schenkung der Dargestellten oder ihrer Angehörigen, respektive sonstige Überweisungen, 1935

Kat.-Nr. 115 (Abb. 3)
Der Künstler krank zu Bett, auf der Decke sitzt sein ältestes einjähriges Söhnchen (Friedrich), 1839
Radierung
Blattmaß: 111 × 186 mm
Plattenmaß: 51 × 87 mm
Werkverzeichnis: Pocci (Enkel) 1926, Nr. 95
Inv.-Nr. 1917:182 D
Provenienz: Ankauf aus der Auktion des Antiquariats Hirsch, München, 1917

Kat.-Nr. 116 (Abb. 5)
Franz Hanfstaengl
Franz Graf von Pocci
Reproduktion nach: Pocci (Enkel) 1926, nach S. 6

Kat.-Nr. 117 (Abb. 42)
Franz Graf von Pocci (Zeichner)
Nikolaus Knilling (Holzstecher)
König Drosselbart, 1858
Holzschnitt, Buchdruck
Blattmaß: 473 × 325 mm
Inv.-Nr. 1907:663 D
Provenienz: Sachzuwendung des Verlags Braun & Schneider, München, 1907

Kat.-Nr. 118 (Abb. 43)
Alte und neue Studenten-, Soldaten- und Volkslieder mit Bildern und Singweisen herausgegeben von L. Richter, A.E. Marschner, F. Pocci und A. Jürgens, Leipzig: Gustav Mayer Verlag 1847
Radierung
Blattmaß: 175 × 135 mm
Inv.-Nr. 1959:607-077 B
Provenienz: Ankauf aus der Bibliothek des Pfarrers i. R. Walther Hofmann, Aystetten bei Augsburg, durch die Max Kade Foundation, New York, und Herrn Otto Schäfer, Schweinfurt, für die Vereinigung der Freunde der Staatlichen Graphischen Sammlung München

Kat.-Nr. 119 (Abb. 54)
Kaiser Karls [sic] Rückkehr in den Untersberg, 1840
Radierung, mit Aquarell koloriert
Blattmaß: 112 × 146 mm

Plattenmaß: 56 × 86 mm
Inv.-Nr. 1908:243 D
Provenienz: Ankauf Prof. Dr. Hyacinth Holland, München, Arcostraße 1, 1908

Kat.-Nr. 120 (Abb. 21)
Franziska Xaveria Gräfin von Pocci
Am Starnberger See
Aquarell über Bleistift
184 × 234 mm
Inv.-Nr. KLA 189 a
Provenienz: Vermächtnis König Ludwig I., unbefristete Leihgabe des Wittelsbacher Ausgleichsfonds

Kat.-Nr. 121 (Abb. 27)
Max Joseph Wagenbauer
Blick über die Loisach auf Ruine Werdenfels, Garmisch, Alpspitze, 1806
Aquarell
230 × 373 mm
Beschriftung auf Blatt (recto) r. o.: Ansicht nach Werdenfels und Garmisch
Inv.-Nr. 15206 Z
Provenienz: Überweisung der Staatskasse an die Sammlung, 1856

Kat.-Nr. 122 (Abb. 81)
Die G'schicht' vom Brandner Kaspar, um 1871
Bleistift, Aquarell, Deckfarben
560 × 370 mm
u. r. monogr.: PF
Beschriftung auf Blatt (recto): in der Darstellung: Die G'schicht' vom Brandner-Kasper; u. r. in Bleistift: Erzählung von Fr. v. Kobell. / Sammlungsstempel: Lugt 3256
Inv.-Nr. 44883 Z
Provenienz: Überstellung Münchner Künstlergenossenschaft

Kat.-Nr. 123 (Abb. 82)
Zu dem Vater kamen die Kinder, 1850
Bleistift, Feder in Schwarz, Aquarell
451 × 572 mm
Inv.-Nr. KLA 188
Provenienz: Unbefristete Leihgabe WAF, Vermächtnis König Ludwig I. von Bayern, 1868

Kat.-Nr. 124 (Abb. 69)
Louis Tocqué (1669–1772)
Pfalzgraf Friedrich Michael von Zweibrücken-Birkenfeld, um 1745
Öl auf Leinwand
89 × 73 cm
Inv.-Nr. 2498
Bayerische Staatsgemäldesammlung, München
Photo: bpk Bildagentur | Bayerische Staatsgemäldesammlungen

Kat.-Nr. 125 (Abb. 70)
Franz Hanfstaengl
Ludwig Graf von Otting
Photographie
Bayerische Staatsbibliothek, München, Abteilung Handschriften und Nachlässe, Pocciana 114 d-k
Photo: Bayerische Staatsbibliothek München/Bildarchiv

Literaturverzeichnis

Beckenbauer, Alfons: »Landshuter Motive im grafischen Werk des Studenten Franz Graf von Pocci«, in: *Verhandlungen des Historischen Vereins für Niederbayern*, Bd. 102 (1976), S. 160–178

Bernhard, Marianne (Hrsg.): *Franz Pocci. Die gesamte Druckgraphik*, Vorwort von Eugen Roth, München: Rogner & Bernhard 1974

Braun, Isabella: *Franz Graf Pocci als Kinderfreund und Jugendschriftsteller. Gedenkblätter, Separatdruck aus den Jugendblättern*, München: Dr. C. Wolf & Sohn 1876

Busch, Werner: »Eugen Napoleon Neureuther in Runges Bahnen«, in: *Kosmos Runge*, hrsg. von Markus Bertsch, Hubertus Gaßner und Jenns Howoldt, München: Hirmer 2013, S. 329–339

Czettritz, Annemarie: *Franz Graf Pocci. Freund der Kinder und der Musen*. Bayerische Vereinsbank, München 1979

Dirrigl, Michael: *Franz Graf Pocci. Der Kasperlgraf; »drîer künege getriuwer kameraere«*, Nürnberg: Lectura 2001

Dreyer, Aloys: *Franz Pocci der Dichter, Künstler und Kinderfreund*, München: Georg Müller 1907

ders.: *Herzog Maximilian in Bayern, der erlauchte Freund und Förderer des Zitherspiels und der Gebirgspoesie*, München: J. Lindauersche Buchhandlung (Schöpping) 1909

ders.: »Der Vollblutromantiker Franz Pocci«, in: *Die Kunst*, Jg. 53 (1926), S. 279–281

Fontaine, Cary-Madeleine: *Das romantische Märchen. Eine Synthese aus Kunst und Poesie*, Tuduv-Studien, Reihe Kunstgeschichte, Bd. 15, München: Tuduv 1985 (Dissertation München 1982)

Frankfurt 2013: *Verwandlung der Welt. Die romantische Arabeske*, Kat. Ausst. Freies Deutsches Hochstift, Frankfurter Goethe-Museum / Hamburger Kunsthalle, hrsg. von Werner Busch und Petra Maisak unter Mitwirkung von Sabine Weisheit, Petersberg: Imhof 2013

Garnerus, Hartwig: »Zu einigen unveröffentlichten Blättern Poccis und dem Problem des Dilettantismus«, in: *Die Kunst und das schöne Heim*, Jg. 88 (1976), S. 93–96

Glötzner, Johannes: *»und abends tu ich dichten«. Ein Gelegenheits-Florilegium zum 199. Geburtstag von Carl Spitzweg und zum 200. Geburtstag von Franz Graf von Pocci*, München: Edition Enhuber 2006

ders.: *Der nackerte Larifari. Franz Graf von Poccis Satire über absolute Wahrheit als ideale Nacktheit in relativer Beziehung auf die Nudität der gefallenen Kreatur, als einer dem absoluten Moralprinzipe widersprechenden realen Notwendigkeit*, München: Edition Enhuber 2007

Goepfert, Günter: *Franz von Pocci. Zeremonienmeister, Künstler, Kasperlgraf*, Stöppel-Kaleidoskop, Reihe Persönlichkeiten, Bd. 202, Weilheim: Stöppel 1988

ders.: *Franz von Pocci. Vom Zeremonienmeister zum »Kasperlgrafen«. Lebens- und Schaffenswege eines universellen Talents*, Dachau: Verlagsanstalt Bayerland 1999

Holland, Hyacinth: *Zur Erinnerung an Franz Pocci*, Separat-Abdruck aus dem sechsten und letzten Bändchen von Poccis lustigem Komödienbüchlein, München: Stahl 1877

ders.: *Franz Graf Pocci als Dichter und Künstler*, München: Wolf 1877

ders.: »Pocci, Franz Graf von«, in: *Allgemeine Deutsche Biographie*, Bd. 26, Leipzig: Duncker & Humblot 1888, S. 331–338

ders.: *Franz Graf Pocci. Ein Dichter- und Künstlerleben*, Bayerische Bibliothek, Bd.3, Bamberg: Buchner 1890

Jordan, Stefan: »Pocci, Franz Ludwig Evarist Alexander Graf von«, in: *Neue Deutsche Biographie*, Bd. 20, Berlin: Duncker & Humblot 2001, S. 552–554

Krafft, Barbara: »Vom Würmsee zur Wartburg: Franz Graf von Pocci und sein Sommergast Moritz von Schwind«, in: *Jahrbuch der Stiftung Thüringer Schlösser und Gärten*, Bd. 6 (2002), S. 161–168

Lucas, Anna: *Franz Pocci und das Kinderbuch*, mit einer Bearbeitung der Schattenspiele, Münster: Regensbergesche Buchhandlung 1929 (Dissertation Universität Münster)

Moisy, Sigrid von: *Franz Graf Pocci (1807–1876). Schriftsteller, Zeichner, Komponist unter drei Königen*, Bayerische Staatsbibliothek, Ausstellungskatalog, Bd. 78, München: Allitera 2007

München 1922: *Franz Pocci. Aquarelle und Zeichnungen*, Ausstellung in der Bücherstube am Siegestor, München: Recht 1922

Pastor, Kurt: *Franz Pocci als Musiker*, Oberbayerisches Archiv für vaterländische Geschichte, hrsg. vom Historischen Verein von Oberbayern, 69. Bd., München 1932

Peters, Dorothea: »Das Musée Imaginaire. Fotografie und Kunstreproduktion im 19. Jahrhundert«, in: *Eine neue Kunst? Eine andere Natur! Fotografie und Malerei im 19. Jahrhundert*, hrsg. von Ulrich Pohlmann/Johann Georg Prinz von Hohenzollern, München: Schirmer/Mosel 2004, S. 289–300

Pickert, Luise Charlotte: *Gli artisti tedeschi a Perugia nel secolo XIX*, Perugia: Istituto Statale d'Arte Bernardino di Betto 1957

Pocci, Graf Franz von: »Altar in Non, k. Landgerichts Reichenhall«, in: *Oberbayerisches Archiv für vaterländische Geschichte*, Bd. 3 (1841), S. 428–429

ders.: *Viola Tricolor. In Bildern und Versen*, Insel-Bücherei, Bd. 988, mit einer Vorrede Poccis und einem Nachwort von Dietrich Leube, Frankfurt a. M.: Insel-Verlag 1977

Pocci (Enkel), Franz Graf von: *Das Werk des Künstlers Franz Pocci. Ein Verzeichnis seiner Schriften, Kompositio-*

nen und graphischen Arbeiten, Einzelschriften zur Bücher- und Handschriftenkunde, Bd. 5, München: Stobbe 1926

ders. (Hrsg.): *Justinus Kerner und sein Münchener Freundeskreis. Eine Sammlung von Briefen*, Leipzig: Insel-Verlag 1928

ders.: »Erstdrucke nach Schöpfungen von Franz Pocci (1807–1876) aus den Jahren 1926–1934«, in: *Oberbayerisches Archiv für vaterländische Geschichte*, Bd. 71 (1935), S. 123–129

Rosenfeld, Hellmut: »Ein Kartenspiel von Franz Graf Pocci um 1840«, in: *Spielkartenangebot*, Jg. 13 (1988), S. 1–3

Sackmann, Eckart: »Der Staatshämorrhoidarius«, in: ders. (Hrsg.): *Deutsche Comicforschung 2007*, Hildesheim: Comicplus 2006, S. 16–32

Schmidt, Dorothea: »Das ›Leonische‹ Zeitalter. Notizen zur zeitgenössischen Kritik an Leo von Klenze«, in: *Glyptothek München. 1830–1980. Jubiläumsausstellung zur Entstehungs- und Baugeschichte*, hrsg. von Klaus Vierneisel und Gottlieb Leinz, München: Prestel 1980, S. 284–295

Schott, Georg: *Die Puppenspiele des Grafen Pocci. Ihre Quellen und ihr Stil*, Frankfurt: Schack 1911 (zugl. Dissertation München)

Schreiber, Ottomar: *Franz Pocci: 1807–1876*, Die Meister, Sonderheft, Nr. 2,7, München: Deutsche Meister 1921

Semrau, Eberhard: »Graf Pocci und das kulturelle München. Zu einer Gedächtnisausstellung«, in: *Weltkunst*, Jg. 46 (1976), S. 1230–1231

Till, Wolfgang: *Puppentheater. Bilder, Figuren, Dokumente*, Handbuch des Puppentheatermuseums im Münchner Stadtmuseum, München 1986

Valenta, Reinhard: *Franz von Poccis Münchener Kulturrebellion. Alternatives Theater in der Zeit des bürgerlichen Realismus*. München: Ludwig 1991 (zugl. Dissertation Konstanz)

Vignau-Wilberg, Peter: *Dürer und Raffael als künstlerische Ideale des Lukasbundes*, Regensburg: Schnell + Steiner 2018

Wolter, Franz: *Franz von Pocci als Simplizissimus der Romantik*, München: H. Schmidt 1925

Zirnbauer, Heinz: »Zu des Grafen Franz v. Pocci (Isariae) Studentenliederbuch-Illustrationen«, in: *Einst und Jetzt. Jahrbuch des Vereins für corpsstudentische Geschichtsforschung*, Bd. 16 (1971), S. 31–46

Impressum

Dieses Buch erscheint anlässlich der Ausstellung *IM BLICK. Franz von Pocci – Phantasie und Spott* der Staatlichen Graphischen Sammlung München in der Pinakothek der Moderne, München, 11.–27. Januar 2019, in der *Studio-Reihe* als Band 6.

Herausgeber: Vereinigung der Freunde der Staatlichen Graphischen Sammlung München

Lektorat: Andrea Schaller, Leipzig

Gestaltung, Satz und Layout:
Edgar Endl, Deutscher Kunstverlag

Reproduktionen: Lanarepro, Lana

Druck und Bindung: Elbe Druckerei Wittenberg GmbH

Ausstellung

Konzeption und Organisation:
Andreas Strobl

Restaurierung: Melanie Anderseck, Nadine Bretz, Katrin Holzherr, Sandra Möller

Rahmung: Rafael Diaz Noguero, Karl-Heinz Francota-Staat

Passepartouts: Richard Novy

Buchbindearbeiten: Bernhard Eglmeier

Photothek: Sabine Wölfel

Photoarbeiten: Gunnar Gustafsson

Ausstellungsaufbau: Rafael Diaz Noguero, Bernhard Eglmeier und Karl-Heinz Francota-Staat, Staatliche Graphische Sammlung München

Bildnachweis: S. 84: bpk Bildagentur | Bayerische Staatsgemäldesammlungen; S. 85: Bayerische Staatsbibliothek München/Bildarchiv; alle übrigen Abbildungen: Staatliche Graphische Sammlung München

Bibliografische Informationen der Deutschen Nationalbibliothek
Die Deutsche Nationalbibliothek verzeichnet diese Publikation in der Deutschen Nationalbibliografie; detaillierte bibliografische Daten sind im Internet über http://dnb.dnb.de abrufbar.

Paul-Lincke-Ufer 34 · D-10999 Berlin
www.deutscherkunstverlag.de
ISBN 978-3-422-92200-6

Dank

an Jutta Assel, Dr. Claudia Denk, Dr. Gerhard Immler, Prof. Dr. Georg Jäger, Dr. Michael Köhle, Dr. Barbara Krafft, Dr. Sigrid von Moisy, Dr. Ingrid Rückert, Florian Scheungraber

Bisher erschienene Bände der Studio-Reihe der Staatlichen Graphischen Sammlung München

Über das Sekretariat der Staatlichen Graphischen Sammlung München, Katharina-von-Bora-Str. 10, D-80333 München, Tel.: 089/289 27650, E-Mail: direktion@graphische-sammlung.mwn.de können folgende Bände der Studio-Reihe bezogen werden:

El Greco kommentiert den Wettstreit der Künste. Eine Zeichnung in der Staatlichen Graphischen Sammlung München
Studio-Reihe der Staatlichen Graphischen Sammlung München, Band 1
2006, 80 Seiten mit 30 meist farbigen Abbildungen (Deutscher Kunstverlag)

Köpfe aus fünf Jahrhunderten. Wandel einer historischen Porträtsammlung
Studio-Reihe der Staatlichen Graphischen Sammlung München, Band 2
2009, 112 Seiten mit 32 farbigen Abbildungen (Deutscher Kunstverlag)

Die Geschichte Roms. Leonaert Bramers Illustrationen zu Livius' »Ab urbe condita«
Studio-Reihe der Staatlichen Graphischen Sammlung München, Band 4
2013, 192 Seiten mit 78 farbigen und 11 schwarzweißen Abbildungen (Deutscher Kunstverlag)

Édouard Vuillard. Einblicke in die Lithowerkstatt
Studio-Reihe der Staatlichen Graphischen Sammlung München, Band 5
2015, 128 Seiten mit 84 meist farbigen Abbildungen (Deutscher Kunstverlag)